U0113429

万　金　集

——来自巴金的家书

巴金研究丛书

策划：巴金故居　巴金研究会

顾问：李小林

主编：陈思和　周立民

编委：孙　晶　李　辉　李存光　李国煣
陈子善　陈思和　周立民　臧建民

万　金　集

——来自巴金的家书

马小弥　述

復旦大學出版社

目　　录

收信人简介

马小弥

1930年生于法国，曾在重庆、上海、台北读书，1949年到张家口参军。1950年被调至中央直属机关。经历“文革”磨难后辞职，并于1979年到中国人民大学苏联东欧研究所（现已扩大为国际关系学院）做研究工作。1985年离休。主要译作有《鼓书艺人》及《四世同堂》后十三章（老舍在美期间所著，中文稿遗失，自英文转译，已收入《老舍全集》）；《双城记》、《茵梦湖》、《公证师的鼻子》（译自法文）。同时，还间歇写了些回忆性和旅游随笔之类的文章，包括《我热爱的巴金伯》、《老马湾，妈妈的老马湾》（被翻译成英文，出版在英文的《中国文学》上）等。

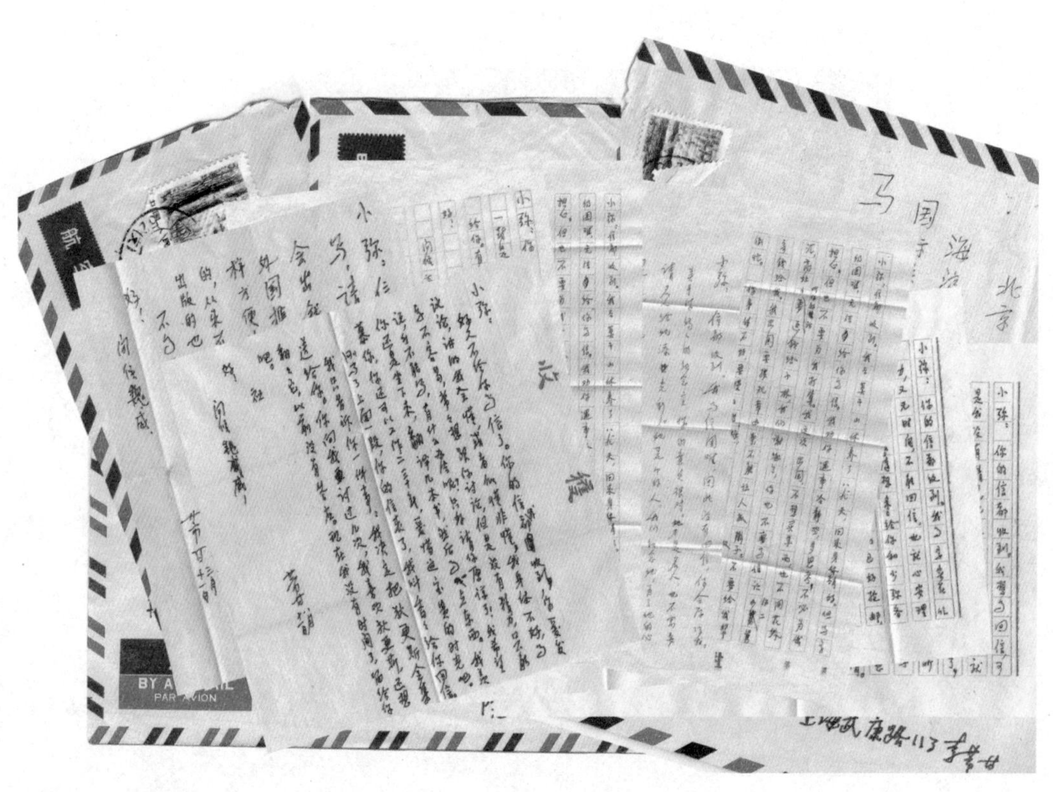
PAR AVION

前　　言

我生于文化人之家，老爸的朋友，一是“写文章的”，二是“教书的”。对巴金伯，就认为他像我家里的长辈一样亲切，尤其是在父亲死后收养我们姐弟，更是恩重如山。

伯伯给我的信本不止这三十几封，但我是个很粗疏的人，并不拿他当“名人”，收到他的信后兴奋、高兴一阵子，就不知道把信搞到哪里去了。有些信，不知为什么连信封也没有了。

于是，现存的伯伯的信就剩下这宝贵的三十几封了，还得从1974年开始。从那时起，我才开始注意保存他的来信。

这本小书得以问世，我得感谢我的两个女儿：香香和淘淘。应该说，她们出了很大的力。

至于这不多的信，我将捐赠给巴金故居，希望它们有个好的归宿。

马小弥

2012年6月6日

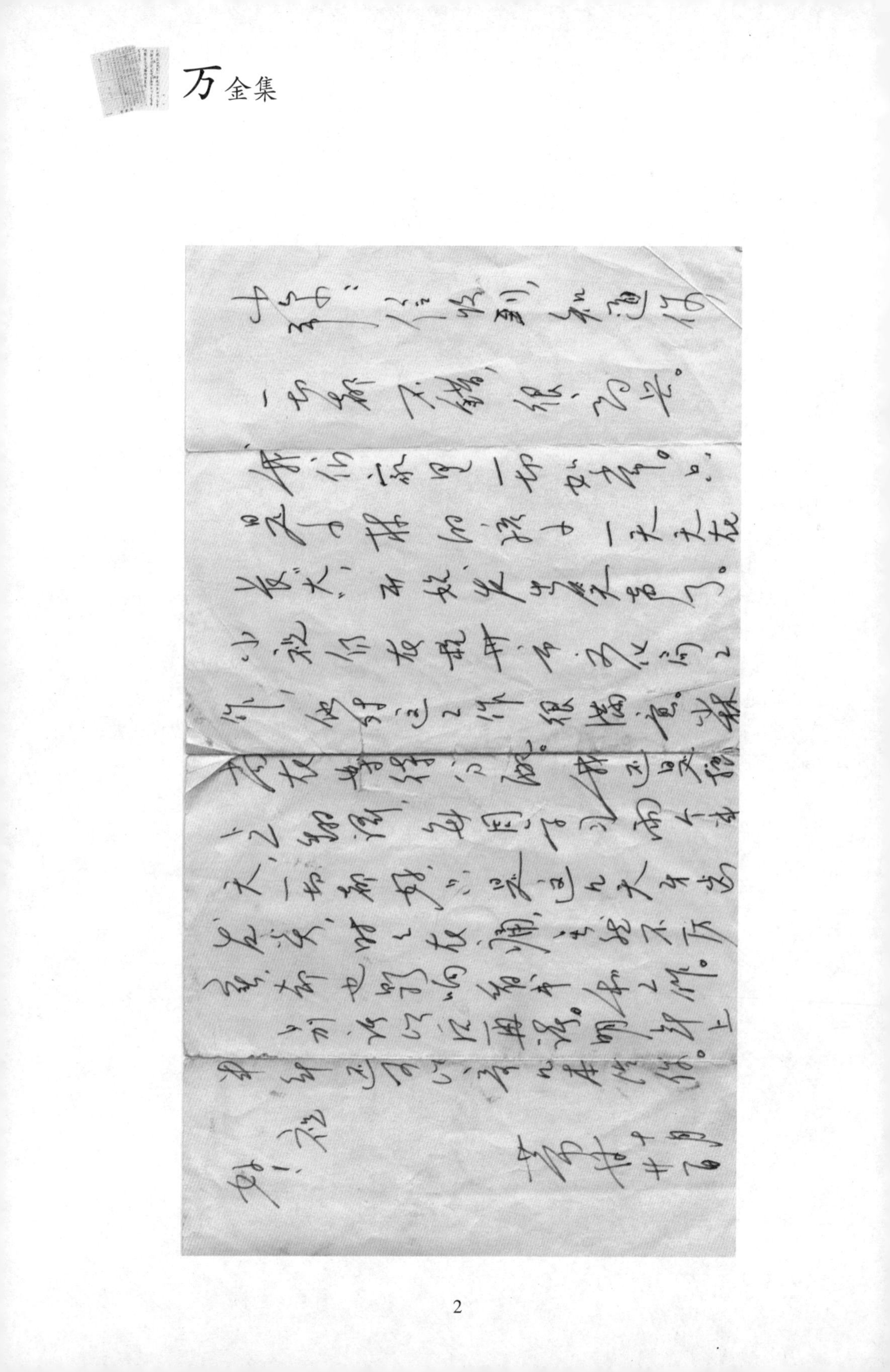

第1封信

1974年10月21日

小弥：

信收到，知道你一切都不错，很高兴。我们家里一切如常。只是小林[①]的孩子一天天在长大，开始发出笑声了。小祝[②]仍在杭州市文化局工作，他对这工作很满意。小林尚在等待分配。我还是搞点翻译，每周学习两个半天，一切都好，只是这几天牙齿发炎，时时在痛，虽然不厉害，却也影响看书和工作。

别话以后再谈。明年上半年还可以寄几本给你。

祝

好！

芾甘

十月廿一日

① 小林，指巴金的女儿李小林。——本书编者注，下同。

② 小祝，指巴金的女婿祝鸿生。

收信人的话：

“文革”期间，我和巴金伯没有联系：他是黑老K，我是专政对象，联系有诸多不便。1971年，我所在的山东干校管理松懈了许多。1972年8月巴金伯的夫人陈蕴珍伯母去世，我的弟弟绍弥前去奔丧，绕道来看我，我才知道了巴金伯的近况细节。起初是写信吊唁，后来慢慢通起信来，渐渐了解彼此的情况。其实这已经不是第一封信了。

巴金伯这时翻译的是屠格涅夫的《处女地》和赫尔岑的回忆录《往事与随想》。巴金伯欣赏赫尔岑的文笔，说他的文章能够打动人心。1935年巴金伯翻译了赫尔岑回忆录中的两个片段《悔》与《死》，他还向鲁迅表示过要翻译这一百多万字的巨著。“文革”后我到上海去看过巴金伯工作的小桌子：在一个光线不好的角落里。听说有人问他翻译出来有什么用,又不可能出版。他说：“没关系嘛，我把它翻译出来之后抄好送给图书馆，将来谁要关心那一段俄国革命还可以看看这个材料嘛。”1977年,《往事与随想》第一卷出版。

〔俄〕赫尔岑著

往事与随想

巴　金译

《往事与随想》1977年版书影

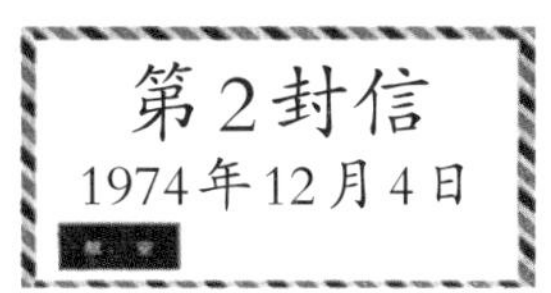

第2封信

1974年12月4日

小弥：

信早收到，感谢你对我的关心，不过，你想得太快、太多，因此我无法回答你。我说明年可以寄几本书给你，这只是我个人的估计，目前我并没有什么“好消息”告诉你，我这里一切照旧，并没有什么变化，但我估计我的书房明年总可以打开，因此想到那时找些什么书来送给你。如此而已。这只是说明我并没有忘记你。

最近采臣[①]同他一个儿子国炘到上海来，在我们这里住了将近三个星期，回银川前要去北京耽搁两三天，大约九日离沪，到北京后可能去找你，我顺便告诉你一下。

祝

好！

芾甘

十二月四日

收信人的话：

“文革”中巴金伯挨批斗，家里二三楼被封，伯伯一家住在楼下客厅里。1971年林彪摔死后，我所在的山东“五七干校”结束，我于1973年8月回京，“学习待命”。我想伯伯的生活应该也有变化了，遂向他打听，并向他讨书。

---

① 采臣，指巴金的弟弟李采臣，出版家。

小张：你的信收到了。嫂嫂的信

也转给她了。我转到出版

社编译室也将近两个月了。编

写每周[illegible]两个半天，

其他还天天在家办，书房也未整好

开。我室、孔[illegible]等已解放

两月，他们的事两也嘱求退

还，书籍也未发，但我想退[illegible]

总会解决。你能去外文研究

所甚好，才[illegible]就在那儿，他

说那里需要人，你既有门路，就

得早点活动，免得错过机会。

摘译[illegible]你编[illegible]的，

你说[illegible]了。[illegible]动作要快。

别话不谈。祝

好！

[illegible] 廿七日

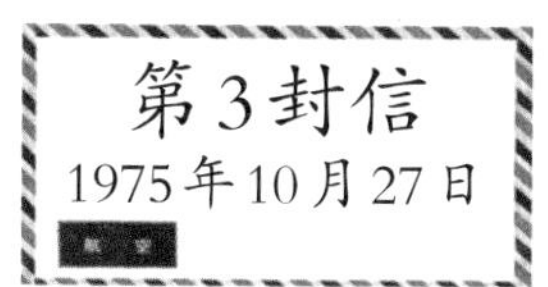

第3封信

1975年10月27日

小弥：

信收到。给孃孃的信也转给她了。我转到出版社编译室也将近两月了。仍是每周去学习两个半天。其他还无变动，书房也未打开。杜宣、孔罗荪等已解放两月，他们的东西也尚未退还，书橱也未启封。但我想迟早总会解决。你能去外文研究所甚好，李健吾就在那里，他说那里要人，正在招人，你既有“门”，就得早点活动，免得错过机会。（“摘译”是上海写作班编的，你记错了。）动作要快。

别话后谈。

祝

好！

芾甘

二十七日

收信人的话：

我在中央直属机关工作了二十九年，为了保密，与外界很少来往。想自己找工作，谈何容易！看中社科院的外国文学所，怎么进去？想来想去，只有求助于巴金伯了。他让我去找李健吾，并告诉我说那里正在招人，我兴奋极了，立刻去。

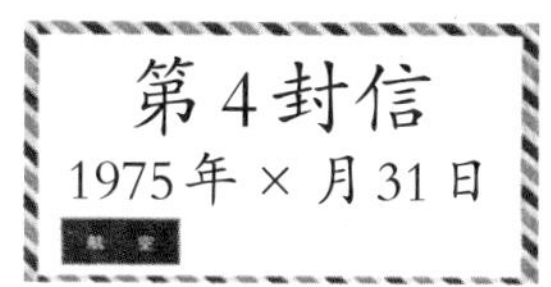

第4封信

1975年×月31日

小弥：

信收到。你高兴得早了些。我的问题只是有了解决的希望，但什么时候希望变成现实就难说了。看来只能一步一步地走。我有信心，只是因为有是非在，有真理在。书房总有一天会给我打开的，将来慢慢整理书的时候，总会找一些给你。不要责备曹禺，他有病，又胆小怕事。但四届人大召开时，他也曾托刘大杰、赵超构向我问好。你年轻，还得准备好好工作。要冷静点，沉着点。对自己要求严些，对所谓名利、面子架子看得开些。在大好形势下就会做到心情舒畅，愉快地活下去。

祝

好！

芾甘

卅一日

收信人的话：

当时我正在北京“学习待命”，借住在北京国际关系学院的两间筒子楼里。整日带四岁的女儿、做家务、告状，火冒三丈。我已经六年不工作了，就这样浪费我年富力强的生命么？太不甘心了！我频频向伯伯要外文书。我生在法国，儿时只会法语，多年不用忘却了，如今定要把它捡起。英语我是有一定基础的，只要加强就好了，且可用英语作拐杖学法语。有了这两门外语，找起工作来就有了一定的实力。这样，我就纠缠住巴金伯，要他不断给我寄书。且希望同名的小说英、法语各一本。

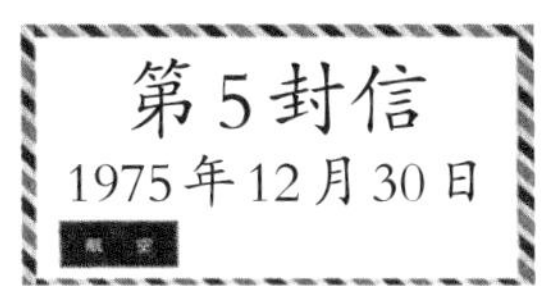

第5封信

1975年12月30日

小弥：

两封信都收到。前些时候我在治眼睛，最近又患感冒，一直没有好。年纪大了，身体不行，因此没有写回信。冯至同志我虽认识，但并不熟，九年不通消息，我无话介绍。但也很希望你能早去文研所工作。小林已于一个月前去杭州参加《浙江文艺》编辑工作。我已向街道乡办（得到单位的证明）打过报告，要求调回小棠[①]，据说有可能，不过还要经过一段时间。小林走后，她的小女儿还留在我家，虽然添了一些麻烦，但也使家里显得热闹多了。

绍弥[②]怎样？好久没有他的消息了。

祝

你新年愉快！

芾甘

卅日

---

① 小棠，巴金的儿子李小棠。

② 绍弥，马宗融的儿子，马小弥的弟弟。与后文中提到的少弥是同一人。

收信人的话：

“文革”中，我见一位处级干部因给领导提意见而受到大字报围攻，深为不平，一连写了四个报告向部领导反映情况，要求按《十六条》的精神，不要把革命群众打成反革命。结果，被诬为“同伙”，也成了专政对象，受到批斗，又下放到山东干校专政队劳动四年。我为自己蒙冤受辱愤恨不已，发誓不回原单位。1971年9月13日林彪摔死，1973年8月干校结束，我们回到北京。我在工作中是比较能干也肯干的，因此部里派出副部长表示挽留，我不干。我决意大改行，实现我儿时的梦：搞文学。我有英语基础，法语也会一点，因此第一目标便是去社科院的外国文学所。怎么去？我于是想到求助于巴金伯。

作者与巴金

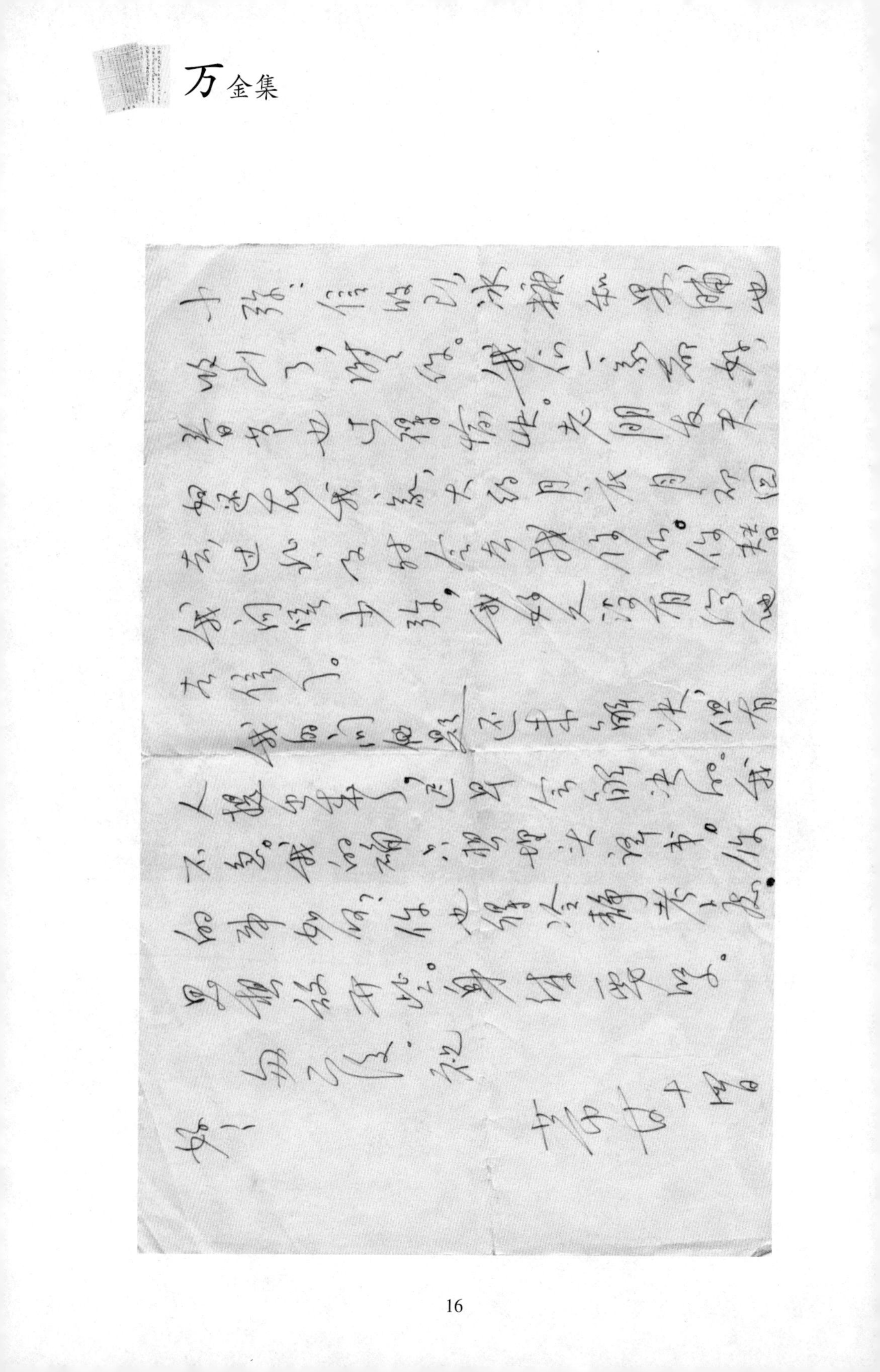

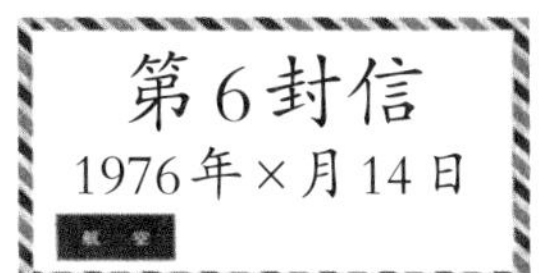

第6封信

1976年×月14日

小弥：

信收到，冰糖和果脯也收到了，谢谢你。我们一家都好，春节也过得愉快。老朋友夫妇还在我家，大约月底月初回去，过北京时会去找你们。你替我问候少弥，我好久没有给他去信了。

我的问题还未解决，但有人提出来了，迟早会解决的。我不急。我的确只想埋头译书。你的事如何？你也得冷静考虑。思想放开些。身体要紧。勿复。

祝

好！

芾甘

十四日

收信人的话：

“老朋友”是巴金伯的亲弟李采臣。他于1913年生，1933年从故乡成都追随巴金到上海，在立达学园学习，是我父母的学生，与我家很亲近。大约按传统习俗，弟子是小辈；可他又是我父母好朋友巴金的弟弟，不上不下，于是我便叫他“老朋友”，解决了这个难题，熟人都知道的。抗战期间李采臣追随我父亲到重庆北碚复旦大学做旁听生，就住在我家中。后来他到文化生活出版社工作多年，1949年底创办平明出版社，任经理，1956年合并进上海新文艺出版社，1958年支援宁夏携全家到银川任宁夏人民出版社出版组负责人。他几次赴沪，返回时都到北京来看我，1995年独自在我家住了十天。1976年退休，2007年9月去世。

“老朋友”李采臣夫妇在北京颐和园

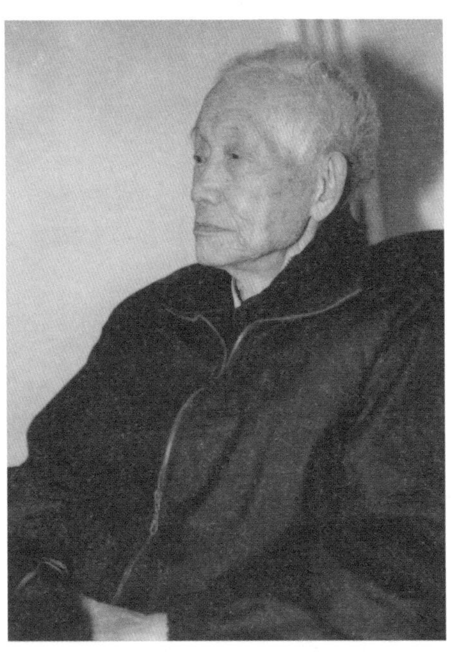

“老朋友”2006年春节寄来此照贺新年

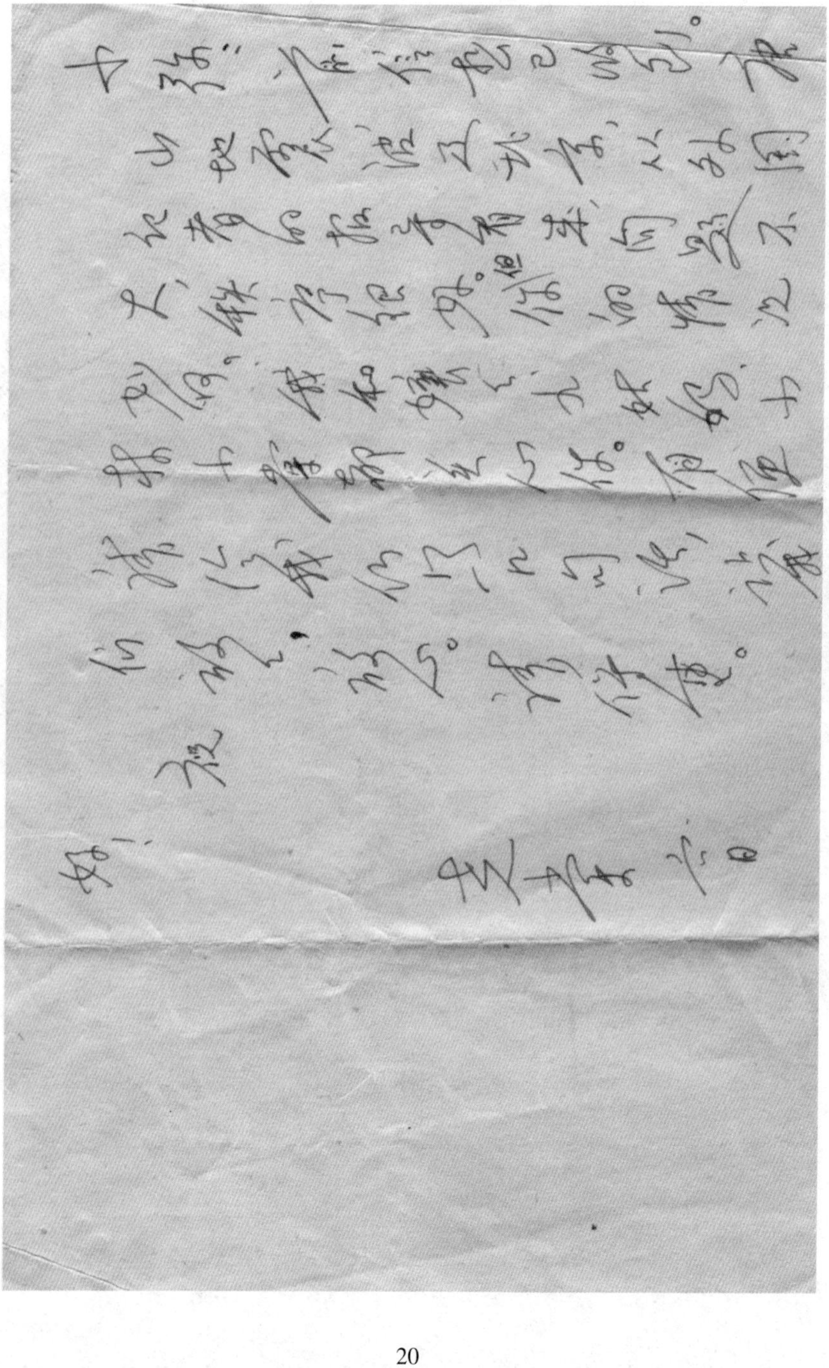

第7封信

1976年8月6日

小弥：

前信想已收到。唐山地震，波及北京，从外国记者的报导看来，问题不大，秩序很好。但你的情况如何？我和孃孃、九姑妈、小林小棠都关心你。有便请给我们写几句话，让我们放心，放心。请保重。

祝

好！

尧棠

六日

收信人的话：

1976年7月28日，唐山发生7.8级大地震，北京震感强烈。我们都住进了附近驻军帮助搭建的地震棚，很久不能回家，纸笔不称手，没顾得给伯伯写信报平安。巴金伯不放心，来信询问我们的情况。

19　年　月　日　　　第　页共　页

小弥：信收到，谢谢你的关心。你的分析也有点道理。我的事情我自己暂时不想讲话。有人告诉我有人要替我讲话，究竟讲了没有，我不清楚。不过我不着急。我相信四人帮倒了以后，党的政策会逐步落实的。现在领导要管的事情太多，一时顾不上来。你问我对自己的结论签字没有。我根本未签过字，也未看过我的结论。七三年七月中旬我们单位支书（工宣队）找我谈话时只根据他笔记本上的记录念给我听："市委王洪文、马天水、徐景贤、王秀珍、金祖敏、冯国柱六人讨论决定作人民内部矛盾处理（不戴帽子，发生活费），这是根据张春桥、姚文元指示的精神决定的。"后来在一个星期后在全体人员学习会上宣布我今后参加学习，又把那段话讲了一次，只是在"发生活费"后面加了一句"做些辅助工作"。就只有这么几句话，并没有讲审查什么问题，得出什么结论。我当时就觉得这是张、姚在搞什么鬼，是对我不信任的，但也无办法。现在他们揪出来了，事情就好办了。你也不必替我着急。你要保重身体，把身体养好，为党、为国家好好地干一辈子。

祝

好！

万金　一月二日

嫂嫂、老朋友、小弟弟，我们一家都问候你和你一家。

第8封信

1977年1月2日

小弥：

信收到，谢谢你的关心。你的分析也有点道理。我的事情我自己暂时不想讲话。有人告诉我有人要替我讲话，究竟讲了没有，我不清楚。不过我不着急，我相信“四人帮”倒了以后，党的政策会逐渐落实的。现在领导要管的事情太多，一时顾不上来。你问我对自己的结论签字没有。我根本未签过字，也未看过我的结论。七三年七月中旬我们单位支书（工宣队）找我谈话时只根据他笔记本上的记录念给我听：“市委王洪文、马天水、徐景贤、王秀珍、金祖敏、冯国柱六人讨论决定作人民内部矛盾处理，不戴帽子，发生活费，这是根据张春桥、姚文元指示的精神决定的。”在一个星期后在全体人员学习会上，宣布我今后参加学习，又把那段话讲了一次，只是在“发生活费”

后面加了一句“做翻译工作”。就只有这么几句话，并没有讲审查什么问题，得出什么结论。我当时就觉得这是张、姚在报私仇，是站不住足的，但也无办法。现在他们揪出来了，事情就好办了。你也不必替我着急。你要保重身体，把身体养好，为党、为国家好好地干一辈子。

祝

好！

芾甘

一月二日

嬢嬢、老朋友、九姑妈，我们一家都问候你和你一家

收信人的话：

我在“文革”中挨整，气极。1976年“四人帮”倒台后我到中南海各个收状子的窗口递申诉书。原单位要给我做结论，仍认为我是犯错误的人，只是按人民内部矛盾“处理”。我拒绝签字，又把情况告诉了巴金伯，告诉他不能签，于是巴金伯回了我这样一封信。

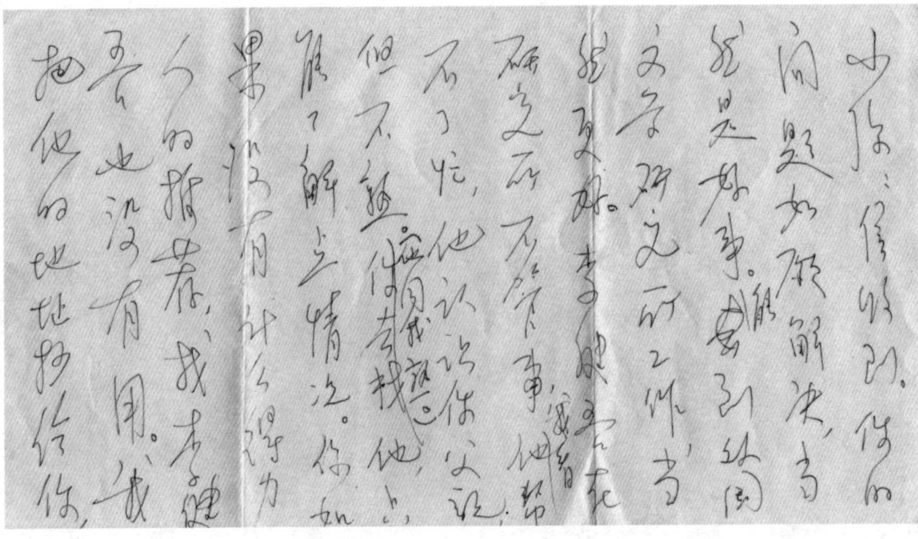

小孙：信收到。你的问题如能解决，当然是好事。能到北图文学研究所工作当然更好。李健吾在研究所不管事，他帮不了忙，他认识你父亲，但不能去找他，谁了解这情况。你如果没有什么得力人的推荐，我去李健吾也没有用。我把他的地址抄给你，

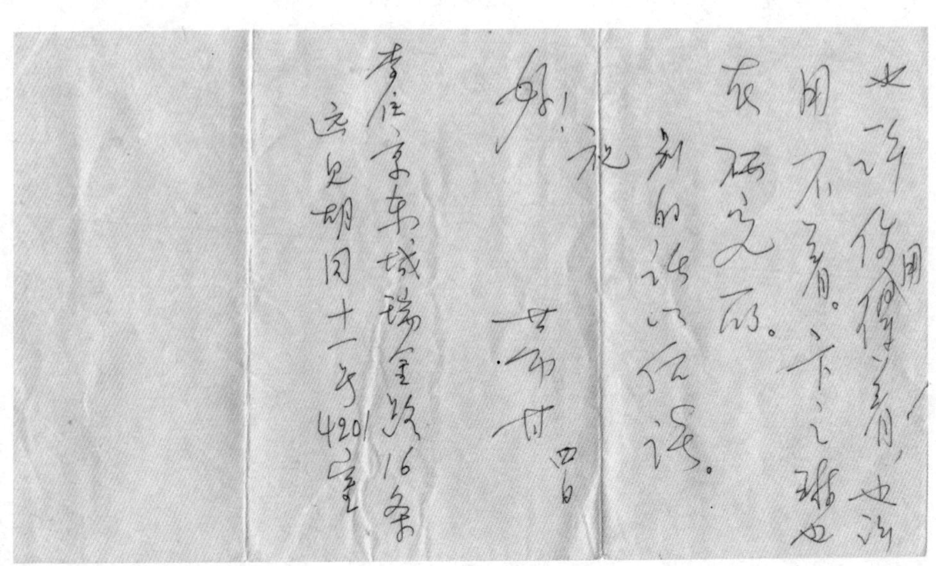

也许你用得着，也许用不着。下次我也去研究所。别的话以后谈。祝

好！

曹禺 廿四日

李住东城瑞金路16条远见胡同十一号420室

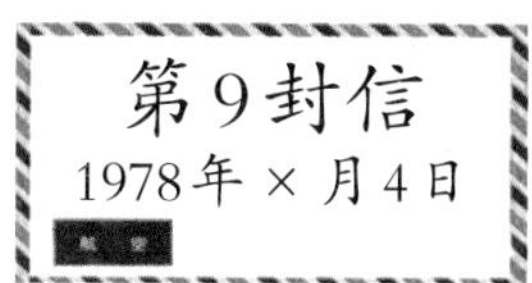

第9封信

1978年×月4日

小弥：

信收到。你的问题如愿解决，当然是好事。能到外国文学研究所工作，当然更好。李健吾在研究所不管事，我看他帮不了忙，他认识你父亲，但不熟。（他同我熟。）你去找他，只能了解点情况。你如果没有什么得力人的推荐，找李健吾也没有用。我把他的地址抄给你，也许你用得着，也许用不着。卞之琳也在研究所。

别的话以后谈。

祝

好！

芾甘

四日

李住京东城瑞金路16条远见胡同十一号4201室。

收信人的话：

巴金伯关心我的工作，能帮上忙就帮。介绍我去见外国文学所的李健吾伯伯。健吾伯也是留法勤工俭学的，翻译家、法国文学的研究学者。当年和我家住得很近，常见，当年曾在文章中把儿时的我称作“天使”。这次巴金伯介绍我去见他，健吾伯高兴异常，热心地到处帮我找路子。可是他是个没有实权的人，“文革”挨整刚刚解放，立足未稳，徒唤奈何！我在健吾伯伯家得到许多安慰，知足。我对他说：“你当年的天使已经变成面目丑陋的老太婆啦。”他答道：“不，你永远是我的天使！”

李健吾夫妇

中为巴金伯，左为本书收信人马小弥，右为李健吾的夫人

第10封信
1978年1月15日

小弥：

信收到。你托人带来的豆瓣酱和寄来的童衫都收到了，谢谢你。端端[①]也很高兴。这几个月我很忙，身体搞坏了。欠的信债太多，还不了，只好不管它。无法给你写信，也不能找书寄书，很抱歉。健吾来信说你找过他，他可能给你帮点忙。等我身体稍好，事情少一点，精神好一点，当寄几本书给你。五届人大开会，我会来京，你到旅社找我，一定见到。替我问候少弥。

祝

好！

芾甘

十五日

① 端端，巴金的外孙女。

收信人的话：

五届人大开会，巴金伯要到北京来，嘱我去见他。

1978年3月11日，我们一家从北京郊区赶到前门饭店，见到了巴金伯。印象中那一次是巴金伯“文革”后第一次到北京，也是我多年以后第一次见到他。这次与他见面聊的时间比较长，中午，巴金伯和小林请我们一家在晋阳饭庄吃午餐，一条大鱼给了不满七岁的淘淘深刻的印象：“请吃大鱼的爷爷”。席间伯伯抽出随身的钢笔赠给淘淘，勉励她好好学习。

偶然在书堆中发现了这张当年的会客证。当年北京各大宾馆门禁森严，会客制度严格如衙门一般。

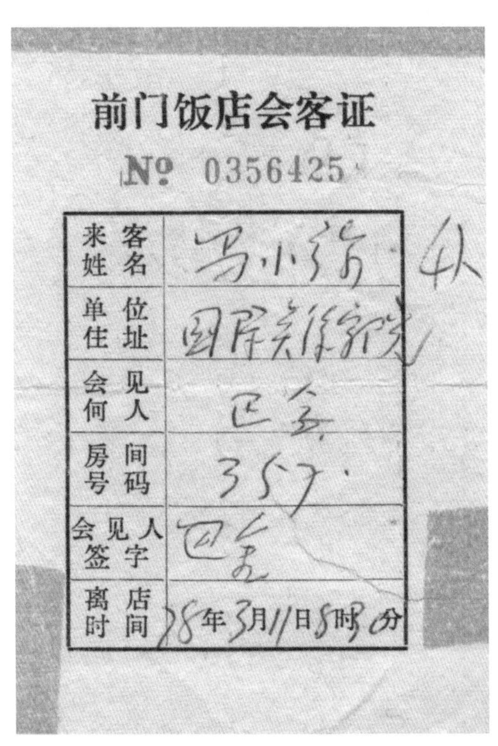

前门饭店会客证

№ 0356425

来客姓名	马小弥
单位住址	[illegible]
会见何人	巴金
房间号码	357
会见人签字	巴金
离店时间	78年3月11日5时0分

巴金伯会后住在前门饭店，去看他时填写的会客证。

第11封信

1978年7月17日

航空

小弥：

信收到。我最近比较忙，天又热，无法清理旧书。你要书，以后可以找几本寄给你，德文书也有，但目前找不到。我们一家都好。你的工作分配了没有？身体怎么样？法文学得怎样了？

祝

好！

芾甘

七月十七日

收信人的话：

我的工作还没有着落，这时自行找工作的风气开始了，人事制度也松动些了，健吾伯鼓励我去考。他说社科院外国文学所英文干部已饱和，问我的法文行不行？我硬着头皮说行，然后拼命加工法文，巴金伯把三伯伯李尧林用英文注释的法文读本也给了我。后来我没有去成外国文学所，但也没有白读法文，翻译了一个名叫《公证师的鼻子》（阿普著）的法文中篇，刊在外语学院的刊物《外国文学》上，受到汝龙叔的表扬。

下面这两本书原本是巴金伯三哥李尧林的，每本书的扉页上还盖有他的图章。

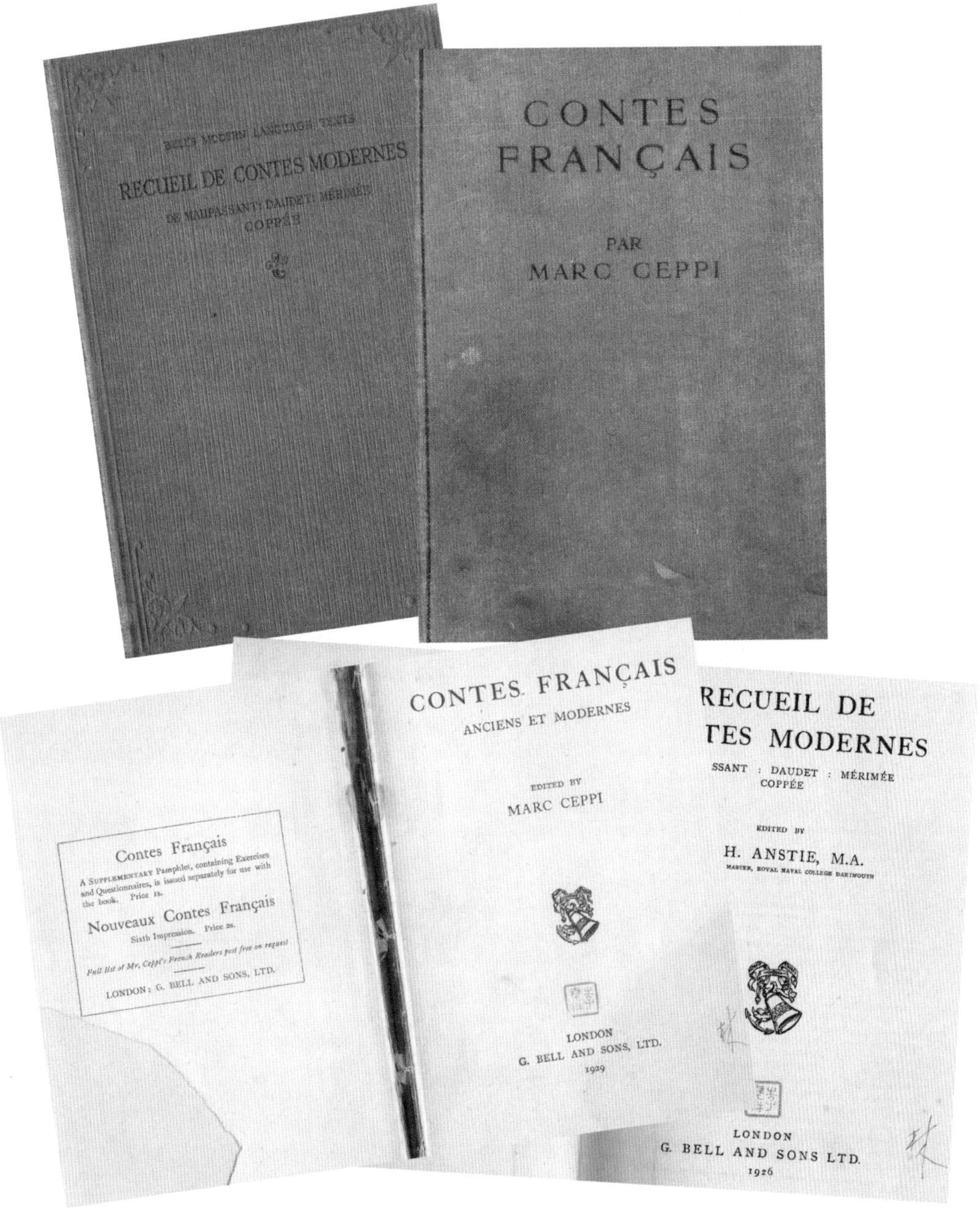

巴金珍藏的李尧林用过的法文书，书的扉页上有李尧林印及签字。

小弥：信收到。之前也打算给你写信，可是刚拿起笔就有人来找我，谈这样那样的事了。我们少弦劝了你，总之，希望你冷静些。对你们的事情需要比较冷静的分析，要虚心，要接受经验教训。不要认为自己一贯正确。不要太固执。

你要看的书，告诉了你兄弟，我也没有找到，至于[illegible]。李纪想的儿子借去了，要等他还来才能寄给你。你打算译书，是好事，但我现在不能推荐可译的书，要译书最好能跟出版社联系。北京人民文学出版社和上海译文出版社都在筹划出版世界文学名著译本的大丛书，我和它们没有什么关系，无法给你找个选题。但是不是我都能帮你问北京人文社，我本来要[illegible]翻译试试。翻译无秘诀，脑子清楚些，认真些，就过得去。你拜师未有定，即可以找汝龙同志谈谈。他在翻译上有成就。他住在西单达智西巷六号。你要找他，就说我介绍。还有叶君健，你应该还认得他吧。关于翻译的事也可以请教他。他身体健康[illegible]的花园旧址若干，总有好处。

祝

好！

芾甘

十五日

问候魏威！

收穫社

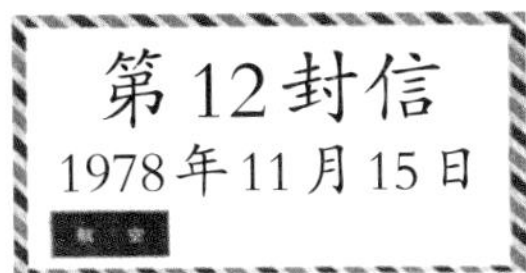

第12封信

1978年11月15日

小弥：

信收到。几天前就打算给你写信，可是刚拿起笔就有人来找，就这样拖下来了。我叫少弥劝劝你，总之，希望你冷静些。对任何事情要进行比较冷静的分析。要虚心，要接受经验教训。不要以为自己一贯正确。不要太固执。

你要看的书，《卡拉马佐夫兄弟》，我还没有找到，“王尔德童话”李德洪的儿子借去了，要等他还来才能寄给你。你打算译书，是好事，但我现在不能推荐可译的书，要译书最好能跟出版社联系。北京人民文学出版社和上海译文出版社掌握出版世界文学名著译本的大权，我和它们没有什么关系，无法替你找个选题。你是不是找邹荻帆替你问问北京人文社，找本英文小说翻译试试。翻译无秘诀，脑子清楚点，认真苦干，就过得去。你将来有空，可以找汝龙同志谈谈。他在翻译上有成就。他住在西单达智西巷六号。你要找他就说我介绍。还有叶君健，你应该还记得他吧。关于翻译的事也可以请教他。在身体健康许可的范围内埋头苦干，总有好处。

祝

好！

问候魏威！

芾甘

十五日

收信人的话：

我1973年8月自干校回京后“学习待命”好几年，没有事做，很难过。又因受屈怨气冲天，有机会就上访告状，所以伯伯时常批评我，要我别冲动，虚心些，不要以为自己一贯正确。另一方面，我苦读书。想试译一本小说练手，遂求助于伯伯。他要我向一些有经验的人求教：叶君健是我爸爸在复旦大学的同事，因为娶了我的干姐姐苑茵为妻，就只能当我的“大姐夫”了；邹荻帆是复旦的学生，诗人、翻译家，《世界文学》的编委，《诗刊》主编，当年来过我家。

汝龙，如伯伯所说“他在翻译上有成就”。他译了一辈子契诃夫，所翻译的契诃夫小说、散文、戏剧和书信共约六百万字，占契诃夫全集的十分之九。他还翻译了高尔基的多部著作，他平素的为人简单明了，却有千万字的译作为他树立了丰碑。

听伯伯的话，为了翻译，我曾多次向这几位翻译大家求教，尤其是汝龙叔。

老爸马宗融当年翻译《春潮》的时候，正值战争动乱，生活困顿，无心翻译，所以译文远不如早年时流畅。我看了很难过，便想根据英、法译本重译这本书。巴金伯要我向翻译界前辈学习，并介绍我去见汝龙。汝龙认认真真回了我的第一封信，我之后又去见他多次。《春潮》后来由宁夏出版社出版，保留了爸爸的名字，说明是我修订。1980年3月26日见到巴金伯时，他夸我改得好，出书也快。

至于伯伯问候的魏威，是我的老伴。1928年生，北京人，1958年北京大学西语系德语专业毕业。风风雨雨与我做了四十年的夫妻，2000年去世。他性格内向，说少做多。曾为台湾某杂志特约撰述，作品《圆明园沧桑》很受读者欢迎。

附：汝龙1980年4月8日写给马小弥的信

小弥同志：

信收到。你要重译《春潮》是件大事，好事，我完全赞成。希望你好好做这工作，从中得到锻炼……屠是大作家，文笔有独特的风格。李伯伯热爱他，了解深，因而译文出色地表达了他的风格。我建议你趁此机会对照英译本转读一下李的译文，不仅可以学习他如何处理原文中的难处，主要的是学习他如何表达原作风格，这对你整理该书和以后的翻译工作一定大有益处。这种学习我以前就做过，至今觉得获益不浅。所以提出来供你参考。……春潮英译本我没有。你向李借吧，顺便借“父与子”读一下，英译者Garnett夫人的译文对原文很忠实贴近，我想，很可能比法译文忠实。……匆此，祝

好！

汝龙

4.8

小弥同志：信收到。你要重译"春潮"是件大事，好事，我完全赞成。希望你好好做这工作，从中得到锻炼。屠是大作家，文笔有独特的风格。李伯伯热爱他，了解深，因而译文出色地表达了他的风格。我建议你趁此机会对照英译本精读一下李的译文，不仅可以学习他如何处理原文中的难处，主要的是要学习他如何表达原作风格，这对你整理译书和以后的翻译工作一定大有益处。这种学习我以前就做过，至今觉得获益不浅。所以提出来供你参考。

……春潮英译本我没有。你向李借吧，顺便借"父与子"读一下。英译者Garnett夫人的译文对原文很忠实贴近，我想，很可能比法译文忠实。……匆此，祝

好

汝龙 4.8.

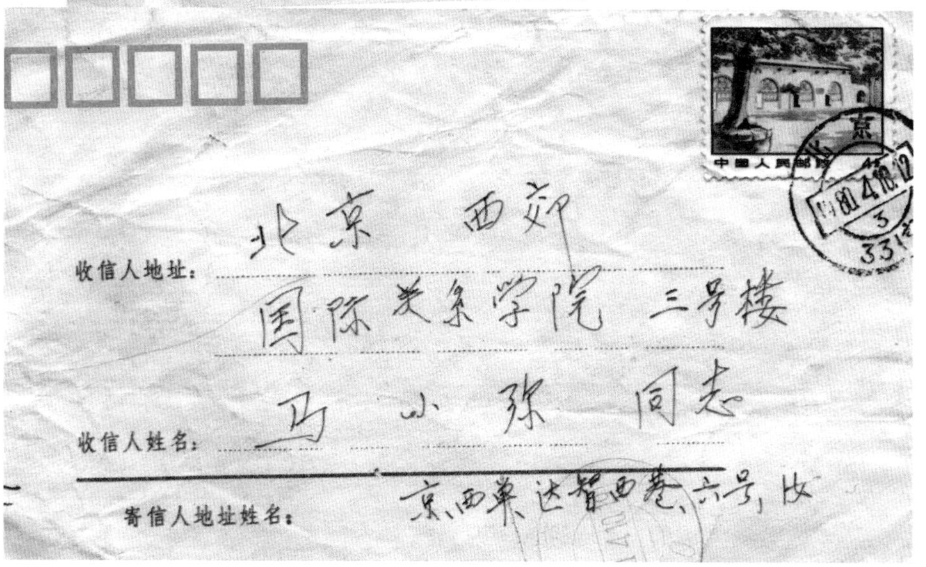

收信人地址：北京 西郊 国际关系学院 三号楼

收信人姓名：马小弥同志

寄信人地址姓名：京西单达智西巷六号，汝

汝龙写给马小弥的信。

收获

小舒：

信都收到，我写字吃力，无法回信。

狄更斯全集我自己需要，不能送给你。只送你

十册袖珍本肖伯纳著作，明后天寄出，什么时候到

你手边就难说了。我从北京拿回的书，下月可以还完休

息。

祝

好！

问候魏[illegible]

芾甘 十八日

第13封信

1981年6月18日

小弥：

信都收到，我写字吃力无法回信。

狄更斯全集我自己需要，不能送给你。只送你十册袖珍本肖伯纳著作，明后天寄出，什么时候到你手边就难说了。我从北京寄回的书，一个月了，还无消息。

祝

好！

芾甘

十八日

问候魏葳[1]

① 魏葳，即魏威，收信人的老伴，后同。

收信人的话：

我去外国文学所的努力终于失败，只好回到研究国际政治的路上来，凭借外语进了中国人民大学苏联东欧研究所（今扩大为国际关系学院）。但我搞文学的心不死，想在寒暑假做点文学翻译。我喜欢狄更斯，故向伯伯讨他的全集。伯伯回信说要留着自用，但给了我十本肖伯纳的袖珍本。我猜也许是汝龙叔对他说我适合译肖伯纳，因为我怪话多，汝龙叔说我有讽刺挖苦的能力。后来我确实翻译了三个肖的剧本：《狮子与小裁缝》等，但两个出版单位闹矛盾，上了版竟拆了下来。我也懒得再联系出版社了。至今压着。

肖伯纳全集的部分书影。

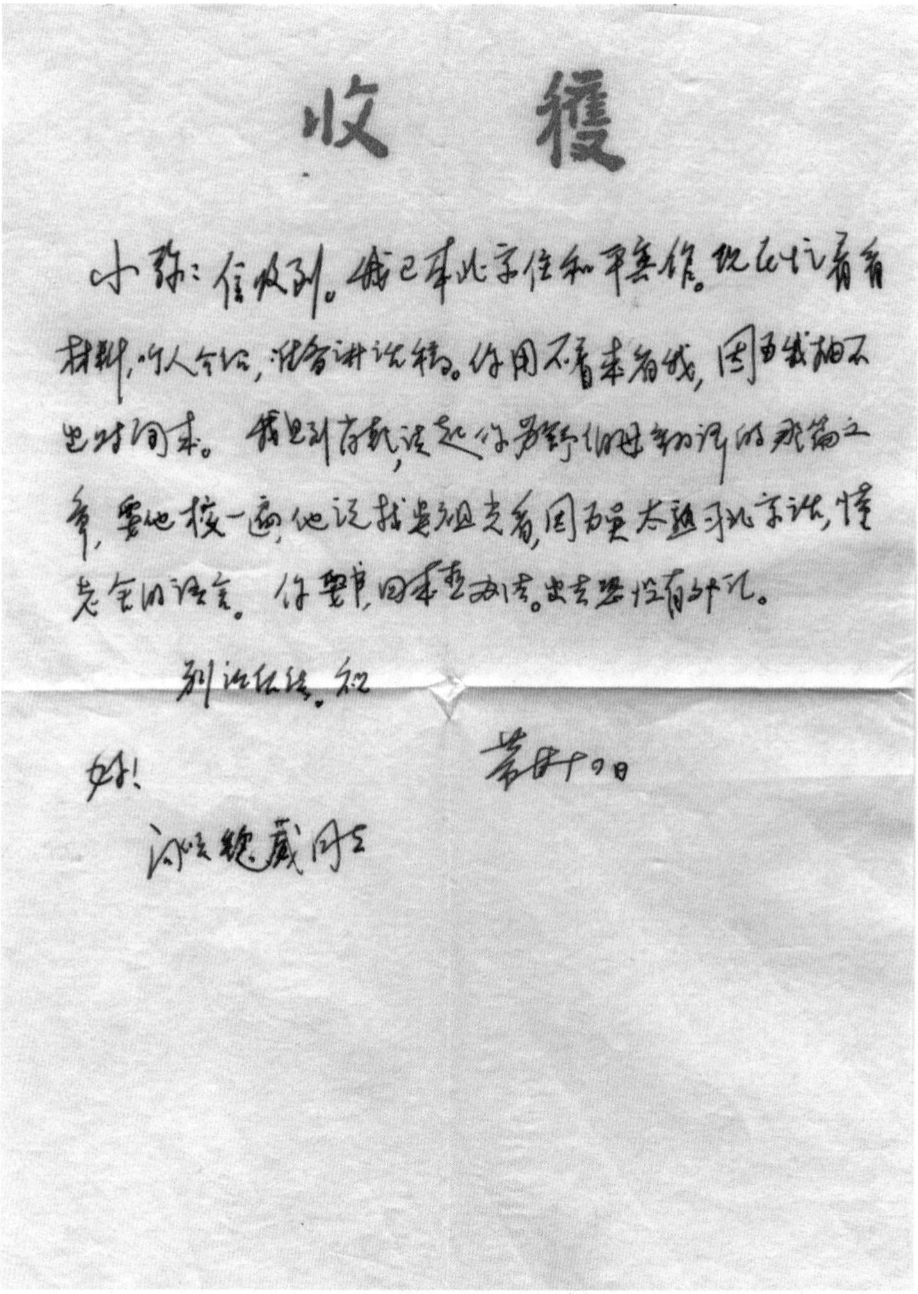

收穫

小苏：信收到。我已来北京住和平宾馆。现在忙着看材料，听人介绍，准备讲话稿。你用不着来看我，因为我抽不出时间来。我见到存统，谈起你要转给他翻译的几篇文章，要他校一遍，他说最好组里去看，因为是太熟习北京话，懂全国的语言。你要真回来再考虑。出去恐怕有些难。

别的很好。祝

好！

芾甘 十日

问候继藏同志

小弥：

信收到。我已来北京住和平宾馆。现在忙着看材料，听人介绍，准备讲话稿。你用不着来看我，因为我抽不出时间来。我见到肖乾，谈起你为舒伯母翻译的那篇文章，要他校一遍，他说找吴祖光看，因为吴太熟习北京话，懂老舍的语言。你要书，回来想办法。出去恐没有外汇。

别话后谈。祝

好！

芾甘

十四日

问候魏葳同志

收信人的话：

伯伯信中所说的“文章”，就是指《鼓书艺人》。当年，我在老舍家发现了一本老舍在美国创作的小说《鼓书艺人》，由郭镜秋女士在当地译成了英文，可是中文原稿丢失。舒伯母胡絜青说找不到翻译的人，找了萧乾，他拒绝了。我说那我来试试吧，舒伯母说好。她不放心，刚译了四章就叫我送给人民文学出版社社长韦君宜看，韦君宜大为高兴，连叫快译，译好之后她专门写了评介的文章。舒伯母还不放心，又请吴祖光、吴晓铃、萧乾等人看过，没有大的问题，这才由人民文学出版社出版，上海《收获》杂志也全文刊载，如今已收入《老舍全集》之中。我野心勃勃，想译当今海外的新书，伯伯说没外汇，做不到。顺便说一句，后来我在翻阅《四世同堂》英译本的时候，发现英译本竟比中文原本多出十三章。于是舒伯母也要我将它译出来续上，译文曾在《十月》杂志上发表，天津百花出版社还出了单行本。

就在写这本书的过程中，接到人民文学出版社的电话，《鼓书艺人》和《四世同堂》末十三章（丁聪插图本和高荣生插图本）又要再版了！

这是1982年我们在济南开老舍研讨会期间，应田院长之邀游灵岩寺时与舒伯母胡絜青的合影。

八二年四月五日济南
师院院長田仲济邀請
遊灵岩寺墓塔林前
所照。今赠
马小弥侄留念
絜青题记
六月廿二日

胡絜青背面题字

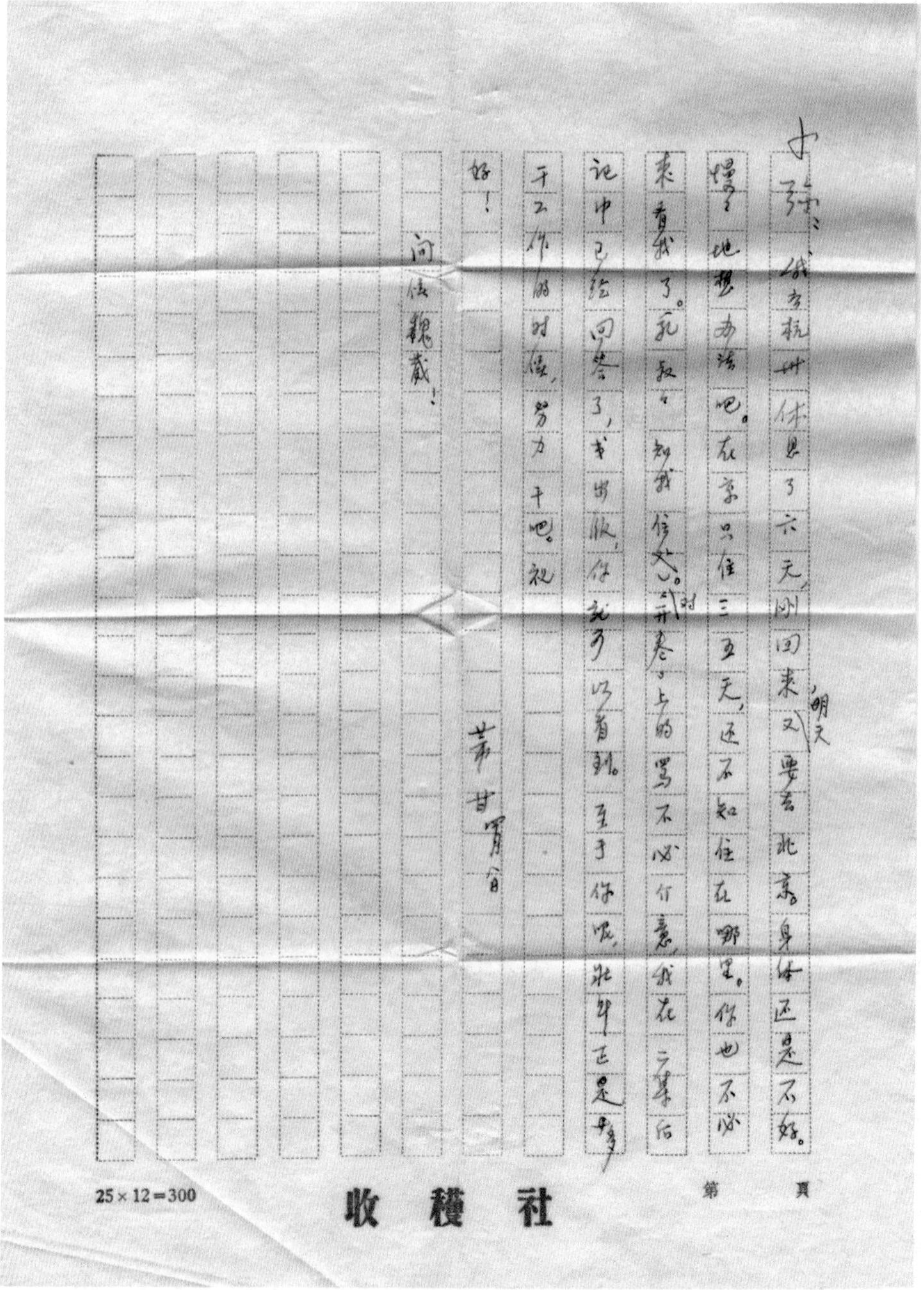

小强：

我去杭州休息了六天，刚回来，明天又要去北京，身体还是不好。慢慢地想办法吧。在京只住三五天，还不知住在哪里。你也不必来看我了。孔敦敦知我住处。我对报纸上的骂不必介意，我在二集后记中已经回答了，书出版，你就可以看到。至于你呢，壮年正是努力干工作的时候，努力干吧。祝好！

向[illegible]！

萧甘

25×12=300　　收穫社　　第　　頁

第15封信
1980年4月8日

小弥：

我去杭州休息了六天，刚回来，明天又要去北京。身体还是不好。慢慢地想办法吧。在京只住三五天，还不知住在哪里。你也不必来看我了。（孔叔叔知我住处）。对《开卷》上的骂不必介意，我在二集后记中已经回答了，书出版，你就可以看到。至于你呢，壮年正是多干工作的时候，努力干吧。祝

好！

芾甘

四月八日

问候魏葳！

收信人的话：

1980年7月，香港《开卷》杂志发表了香港大学中文系几位学生对《随想录》的批评意见，说它"是一本彻底失败的作品"，没有像台湾某作家那样，揭发出惊人的真相并做出激烈的批判，使人失望。又从文字技巧到标点符号横挑鼻子竖挑眼，说巴金"退步了"。却又不得不承认《随想录》的出版引起了广泛的注意，有巨大的影响。我看到《开卷》的文章后想不通，他们不过是一群小毛孩子，所以我写信给巴金伯。他回信中所说的"二集"便是《随想录》第二集《探索集》，他已经在后记中回答了这个问题。他说："我写作是为了战斗……我不是用文学技巧，只是用作者的精神世界和真实感情打动读者，鼓舞他们前进。"

小张：

大会明天闭幕。我决定十三日同代表团同去动身返沪。十二日整天留在招待所不出去，你有空来玩，如忙就不必来了。我十月底十一月初还要来京开会。

谢谢你送来的咖啡。

祝

好！

问候魏威！

芾甘 九日

十二日上午又得进城开会。我留在招待所的时间只有两个下午 十一日三时后和十二日三时后。 又及

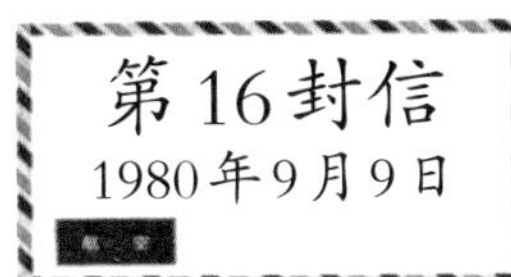

第16封信

1980年9月9日

小弥：

大会明天闭幕，我决定十三日同代表团同志动身返沪。十二日我整天在招待所不出去，你有空可来看看，如忙就不必来了。我十月底十一月初还要来京开会。

谢谢你送来的咖啡。

祝

好！

芾甘

九日

问候魏威！

十二日上午又得进城开会。我在招待所的时间只有两个下午，十一日三时后和十二日三时后。

又及

收信人的话：

1980年9月9日，巴金伯来北京开五届人大三次会议，住在八大处一招待所，我去见他。遇萨空了，伯伯打发我去买东西，萨空了笑着说："怎么能叫客人去买东西！"伯伯说："她不是客人，是我的半个小孩。"我听了很高兴。

萨空了（1907—1988）是巴金伯老友，记者，前出版署副署长，民盟副主席。

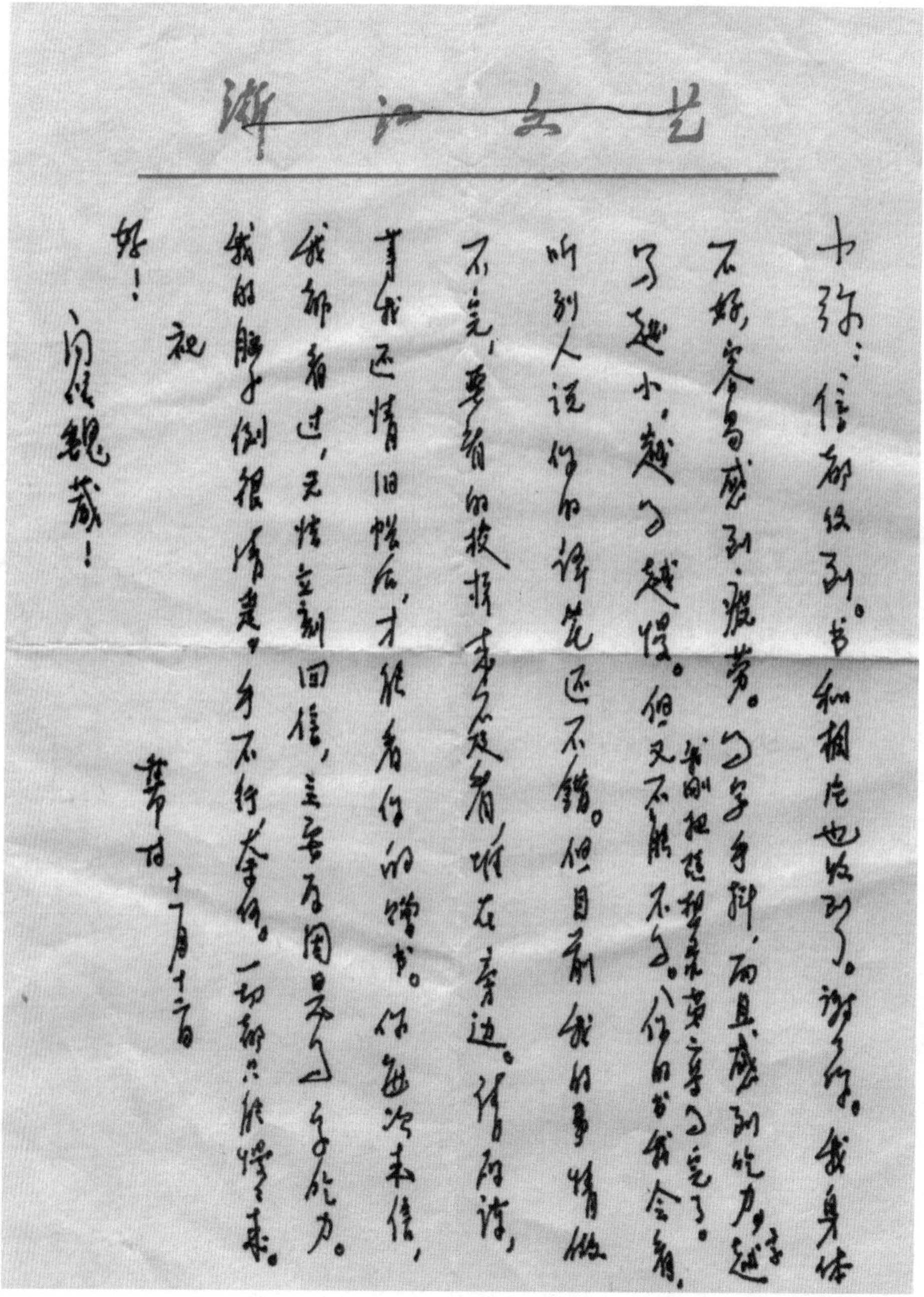

~~浙江文艺~~

小弥：

信都收到。书和相片也收到了。谢谢你。我身体不好，容易感到疲劳。写字手抖，而且感到吃力，字越写越小，越写越慢。但又不能不写。（我刚把随想录第五卷写完了。）你的书我会看，听别人说你的诗笔还不错。但目前我的事情做不完，要看的校样来不及看，堆在旁边。请原谅，等我还清旧债后，才能看你的赠书。你每次来信，我都看过，无法全部回信，主要原因是写字吃力。我的脑子倒很清楚，手不行，奈何。一切都只能慢慢来。

祝

好！

芾甘 十月十一日

问候魏葳！

第17封信
1980年11月12日

小弥：

信都收到。书和相片也收到了。谢谢你。我身体不好，容易感到疲劳。写字手抖，而且感到吃力，字越写越小，越写越慢。但又不能不写。我刚把《随想录》第二集写完了。你的书我会看，听别人说你的译笔还不错。但目前我的事情做不完，要看的校样来不及看，堆在旁边。请原谅，等我还清旧帐后，才能看你的赠书。你每次来信，我都看过，无法立刻回信，主要原因是写字吃力。我的脑子倒很清楚。手不行，奈何。一切都只能慢慢来。

祝

好！

芾甘

十一月十二日

问候魏葳！

收信人的话：

1980年3月，我翻译的老舍《鼓书艺人》出版后，《收获》杂志开作家座谈会时，有人还说它是近年出版的优秀翻译作品；伯伯当然很高兴。我寄了一本书给他，他就写了这封信给我，说明因健康原因，无法看我的书。虽然想给我鼓励和安慰，却又力不从心，因此写这封信，表示他的关心和歉疚。

这时他已经快八十岁了。

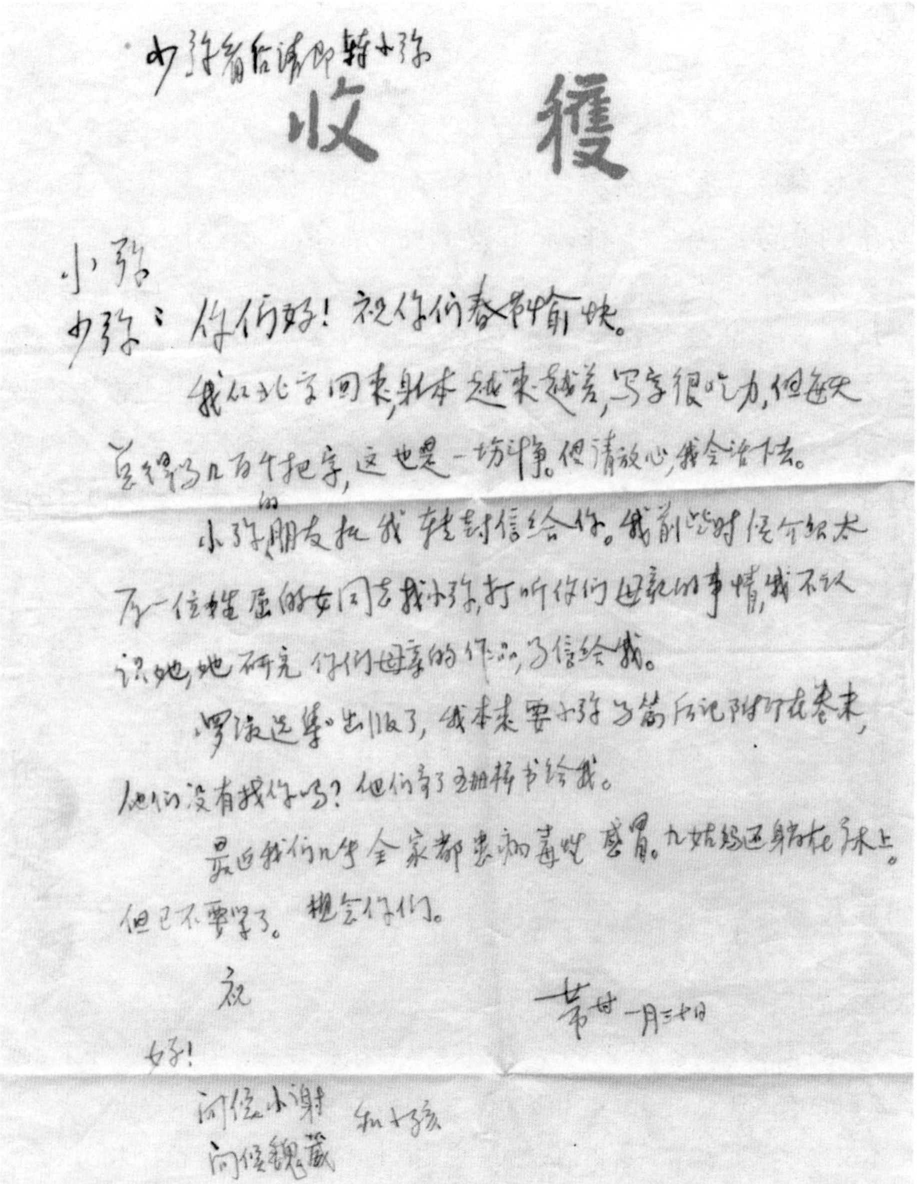

小弦看后请即转小弥

收 穫

小弥
小弦：你们好！祝你们春节愉快。

我从北京回来，身体越来越差，写字很吃力，但每天总得写几百个把字，这也是一场斗争。但请放心，我会活下去。

小弥的朋友托我转封信给你。我前些时候介绍太原一位姓崔的女同志找小弥，打听你们母亲的事情，我不认识她，她研究你们母亲的作品，写信给我。

罗淑选集出版了，我本来要小弥写篇后记附印在卷末，他们没有找你吗？他们寄了五册样书给我。

最近我们几乎全家都患病毒性感冒。九姑妈还躺在床上。但已不要紧了。想念你们。

祝

好！

芾甘 一月三十日

问候小谢和小孩
问候魏葳

第18封信

1981年1月30日

小弥，少弥[①]：

你们好！祝你们春节愉快。

我从北京回来，身体越来越差，写字很吃力，但每天总得写几百千把字，这也是一场斗争。但请放心，我会活下去。

小弥的朋友托我转封信给你。我前些时候介绍太原一位姓屈的女同志找小弥，打听你们母亲的事情，我不认识她，她研究你们母亲的作品，写信给我。

《罗淑选集》出版了，我本来要小弥写篇后记附印在卷末，他们没有找你吗？他们寄了五册样书给我。

最近我们几乎全家都患病毒性感冒。九姑妈还躺在床上。但已不要紧了。想念你们。

祝

好！

芾甘

一月三十日

问候小谢

问候魏葳和小孩

---

① 此信上端，有写信人附语：“少弥看后请即转小弥。”

收信人的话：

我在重庆沙坪坝南开中学读初中的时候，巴金伯和伯母曾到学校来看过我，引起轰动。因此许多同学都知道我和巴金伯的关系。如今同学们天各一方，联系起来很困难。巴金伯目标大，同学们要找我，有的干脆写个“请巴金先生转马小弥”，小人物我就收到了。美国加州大学的王翰华就是这样找到我的。山西省社科院的屈毓秀要写研究妈妈的文章，也是通过巴金伯来找我。

巴金伯提到的《罗淑选集》这本书，倾注了他太多心血。《鱼儿坳》、《贼》、《地上的一角》等都是妈妈未完成的稿子，她去世后才由巴金伯整理成篇，并编好发稿的，他称罗淑为“我永不能忘记的友人”，他写道：“我不再用言词哀悼你。我知道你不喜欢我这样做。你不愿意在这样的年纪早早地死去，你更不会愿意在你渴望了几年的抗战的烽火燃烧的时候寂寞地闭上眼睛。但是你已经尽了你的职责了。你留下了这么深的敬爱在我们中间。我们失去了你这样一个连锁，可是我们已经坚实地团结起来。你的手所放下的火炬，也将由我们接过来高高地举起。我们会把它举得更高，使你的和我们的理想早日实现，我知道那会是你最快活的时候。到了那一天，你会活起来，活在我们的心里，活在我们的理想里。”（引自巴金伯的《纪念友人世弥》）

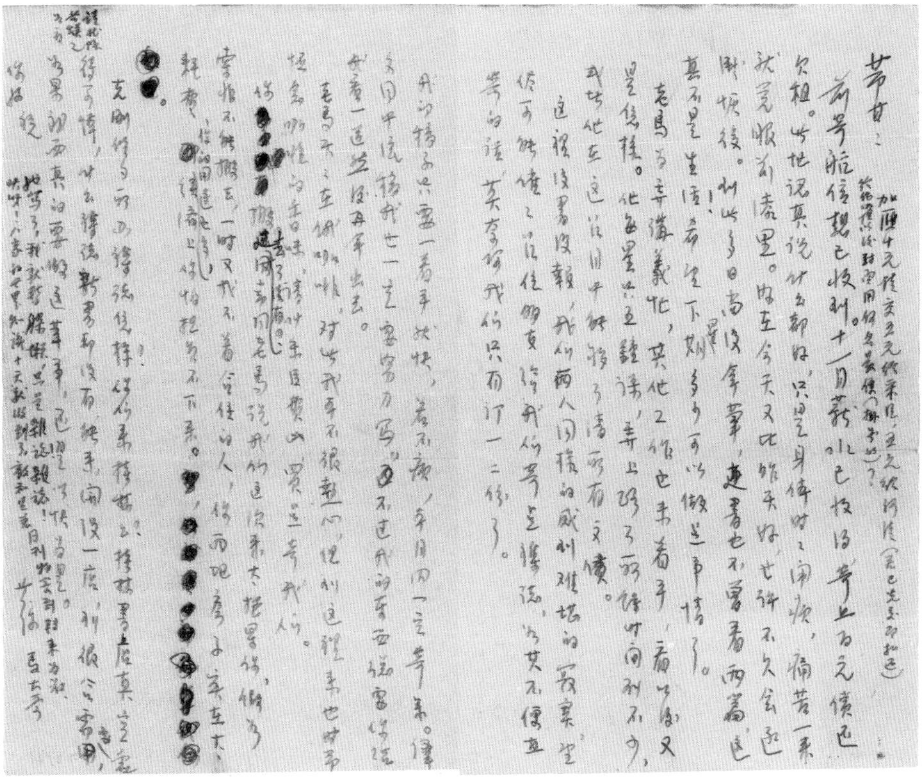

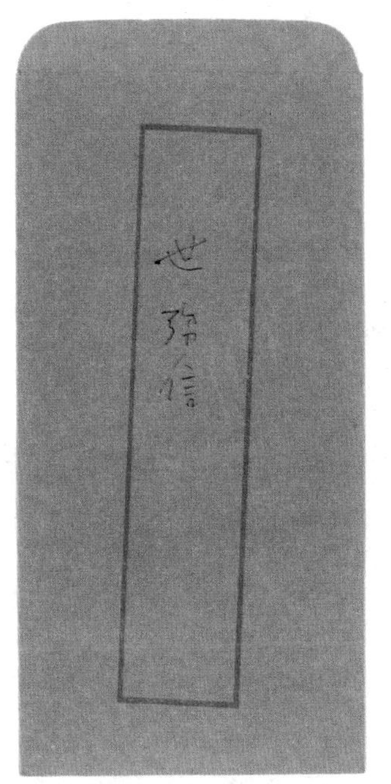

这封信是妈妈罗淑写给巴金伯的。巴金伯珍藏着妈妈写给他的九封信，后装在此信封中，捐给了中国现代文学馆。

小弥：

信收到。书还未送来，你母亲的作品由你们姐弟签字寄回，对我来说是珍贵的纪念品。你写的回忆我今天才读了一遍。广东人民出版社准备重印《生人妻》，曾来信问我一些情况，我回信介绍了你的回忆。他们要找你借照片，我把你的地址写给他们了。你的回忆写得好，但有一点应当更正：1937年暑假你父母带着你回上海，就是打算让你母亲在沪分娩，后来时局紧张，你父亲先回桂林。八一三日军侵沪，全面抗战爆发，你母亲担心你父亲一个人在内地不方便，怕他挂念家属在沪的生活，才改变计划，带着你去找他。你说的"只身"和"不知为什么"是错的。六高邮票收到，谢谢你舅舅，请代我问候他。高莽也有信来，我现在写字比较困难，很少写长信。两年来很少出门，也不出去开会，想做点实在事情，多写点东西，当然也想多活几年。谢谢你们对我的关心。别的话下次再写。

祝

好！

芾甘 二月九日

问候锦威！

第19封信

1981年2月9日

航 空

小弥：

信收到。书还未送来，你母亲的作品由你们姐弟签字的对我来说是珍贵的纪念品。你写的《回忆》我今天才读了一遍。广东人民出版社准备重印《生人妻》，来信问我一些情况，我回信介绍了你的回忆。他们要找你借照片，我把你的地址写给他们了。你的回忆写得好，但有一点应当更正：1937年暑假你父母带着你回上海，就是打算让你母亲在沪分娩，后来时局紧张，你父亲先回桂林。“八·一三”日军侵沪，全面抗战爆发，你母亲担心你父亲一个人在内地不方便，怕他悬念家属在沪的生活，才改变计划，带着你去找他。你说的“只身”和“不知为什么”是错的。戴高乐邮票收到，谢谢你舅舅，请代我问候他。高一萍也有信来，我现在写字比较困难，很少写长信。两三个月来很少出门，也不出去开会，想多做点实在事情，多写点东西，当然也想多活几年。谢谢你们对我的关心。别的话下次再写。

祝

好！

芾甘

二月九日

问候魏威！

收信人的话：

《生人妻》是我母亲罗世弥1934年的处女作，是写她家乡四川简阳一个贫苦盐工卖妻的小说。巴金伯见到这篇小说又惊又喜，马上替她写上“罗淑”的笔名便推荐给《文季月刊》发表了。许多朋友惊讶这位新人的出现，同声赞美，一时还搞不清楚这作者便是他们常常见面的马宗融的妻子。后来她又写了《刘嫂》、《桔子》、《井工》三个短篇，但是她没有等到文章结集，便于1938年2月27日去世了。巴金伯替她整理遗作，每本都细细地写了序和跋，1980年汇集起来由四川人民出版社出版了十万字的《罗淑选集》。

母亲罗淑

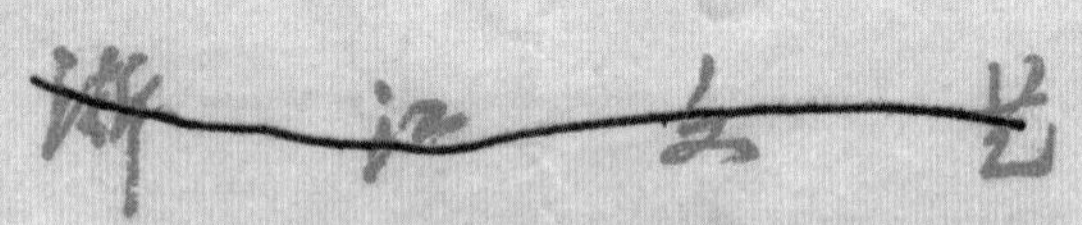

小弥：

信收到。你的文章我早读过了。写得不错。你可以多写。

但有一点请记住：不要老是揪住"后娘"。她当然有缺点，但也有值得人同情的地方。四十年代在重庆我和一些朋友就有这样的看法。你不"要她"，有你的自由。不过论断别人，请客观点，大量些。

我身体不好，这次常委开会请假不去了，否则还可以在京见面。小婶婶去世，回民中学为她开了追悼会。家中其他人都好。

祝

好！

问候魏葳！

芾甘 四月十日

第20封信

1981年2月17日

小弥：

信收到。你的文章我早读过了，写得不错。你可以多写。但有一点请记住：不要老是揪住“后娘。”她当然有缺点，但也有值得人同情的地方。四十年代在重庆我和一些朋友就有这样的看法。你不“妥协”，有你的自由。不过论断别人，请客观点，大量些。

我身体不好，这次常委开会请假不去了，否则还可以在京见面。小婶婶去世，回民中学为她开了追悼会。家中其他人都好。

祝

好！

芾甘

二月十七日

问候魏葳！

收信人的话：

巴金伯对我们一家是非常关切的，他曾对我说："你爸爸的晚年太不幸了！"爸爸去世三十三年之后，他写了《怀念马宗融大哥》一文，把我们全家都写到了。关于我的继母，他写道："我看出来在马大哥的生活里她代替不了罗淑，一谈起罗淑他就眼泪汪汪。"巴金伯也知道我憎恨我的继母。当我父亲为正义的事业受到国民党迫害时，她却抛下他，和她的情人留在了台湾。而她的情人，恰恰是我父亲当年最看重、照顾最多的学生。但巴金伯认为，我继母把我兄弟从婴儿起一直拉扯大、抗战期间操劳多年也不容易，不要全盘抹杀她。所以他一再要我"客观点、大量些。"啊！

信中的小婶婶即巴金幼弟李济生的夫人，我称她为"小婶婶。"

父亲马宗融

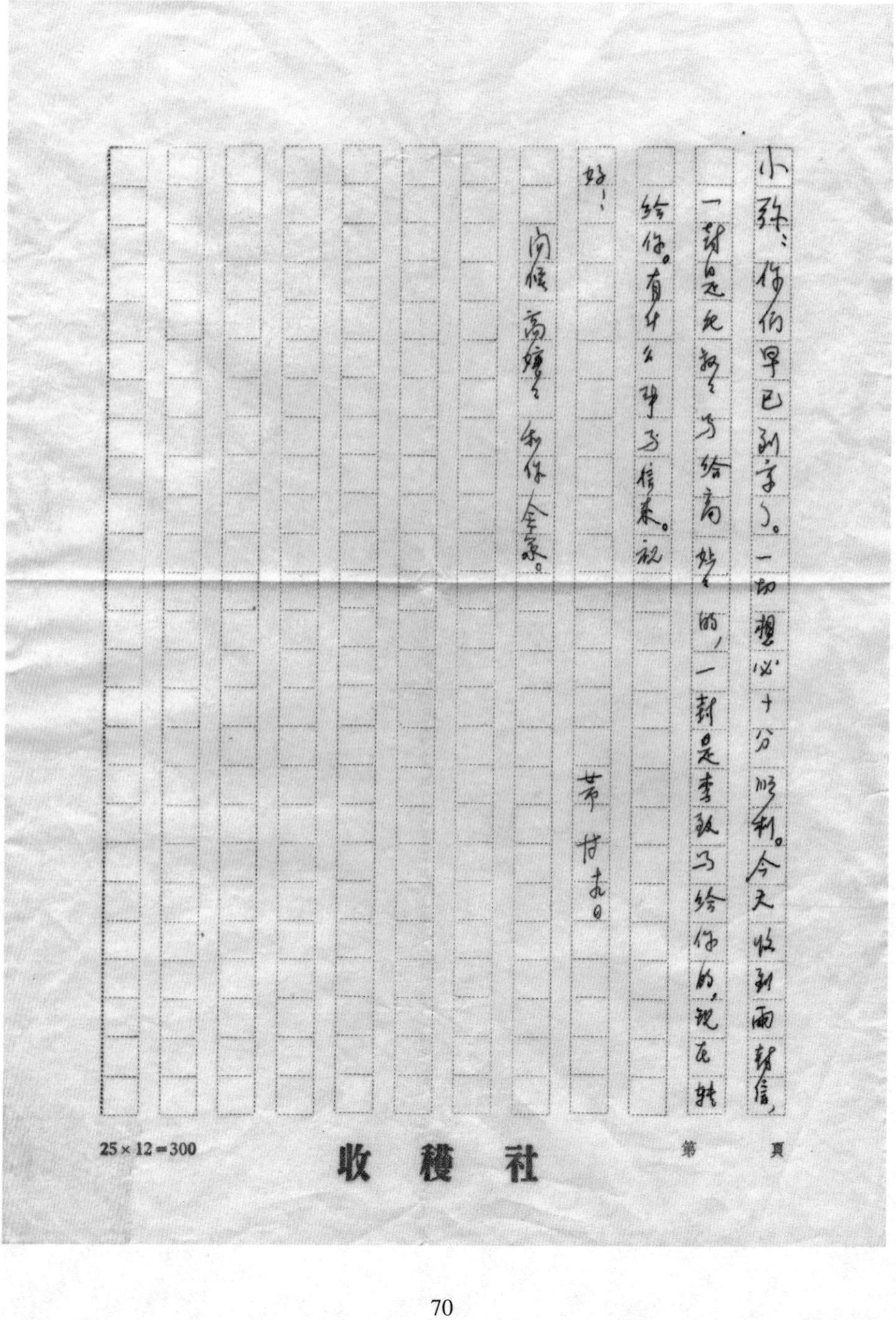

小孙：你们早已到京了。一切想必十分顺利。今天收到两封信，一封是纪纪写给高姑姑的，一封是李致写给你的，现在转给你。有什么事写信来。祝

好！

芾甘 九日

问候高姑姑和你全家。

25×12=300　　收穫社　　第　　頁

第21封信
1981年6月19日

小弥：

你们早已到京了。一切想必十分顺利。今天收到两封信，一封是毛叔叔写给高孃孃的，一封是李致写给你的，现在转给你。有什么事写信来。

祝

好！

芾甘

十九日

问候高孃孃和你全家。

收信人的话：

1981年5月，巴金伯和我父亲的老友、老报人毛一波的夫人高一萍趁我赴沪之便，从美国来到上海。也住在巴金伯家。她以为和我同一天到达，我可以全程照料她，其实我好不容易去一趟上海，为的是看巴金伯，不能随时陪她。

6月18日，高孃孃随我回到北京。当时我借住在国际关系学院两间筒子楼里，不过我仍设法通过当时的院长陈忠经同志为高孃孃借到一套两居室。随后，她又转住到也是老报人的黎丁叔家，6月30日又去重庆，然后回了美国。

摄于法国蒙白里。（从左至右）左一是毕修勺，接着是孟雨的法国太太、毕太太、孟雨（又名稜崖）、爸爸马宗融、我、妈妈罗世弥

小孙：信都收到。我去莫干山休养了八九天，回来身体精好。但写字仍困难，无法自给你写信。我劝你遇事冷静些，多思考，不必为我担心。但也不要为我打算。我这次出国，不想买东西，也不用花外汇，商处长听你的传话要送钱给小林，我们谢绝了，你也不要写信让你二舅寄钱给我。我出国要按规章办事，不能让人抓辫子。不要给我帮倒忙。你身体不好，要慢慢锻炼，要注意营养。做工作，要有自信，但不能骄傲。要把身体养好，要做到：想得开，看得远，适应生活。

我九月十日前到北京，十五日飞法。

谈话。问候小孙。祝

好！

芾甘 二十七日

魏葳同志均此，不另。

25×12=300　收穫社　第　页

第22封信

1981年8月27日

小弥：

信都收到。我去莫干山休养了八、九天，回来身体稍好。但写字仍困难，无法给你写信。我劝你遇事冷静些，多思考，不必为我担心。但也不要为我打算。我这次出国，不想买东西，也不用花外汇，高孃孃听你的话要送钱给小林，我们谢绝了，你也不要写信让你二舅舅寄钱给我。我出国要按规章办事，不能让人抓辫子。不要给我帮倒忙。

你身体不好，要慢慢锻炼，要注意营养。做工作，要有自信，但不能骄傲。要把身体弄好，要做到：想得开，看得远，热爱生活。

我九月十日前到北京，十五日飞法。

余后谈。问候少弥。祝

好！

芾甘

二十七日

魏葳同志均此不另。

收信人的话：

这是一封批评信。巴金伯于1981年9月去法国参加第45届国际笔会。他没有外汇，我向高一萍说了这件事，还想（没有实行）让我在法国尼斯开快餐店的舅舅罗世安（前国民党驻希腊公使）给伯伯寄些钱供他买书用。当然我也想要一本新书供翻译。伯伯知道后很生气，叫我不要给他帮倒忙。我连忙认错，内心很惶恐。

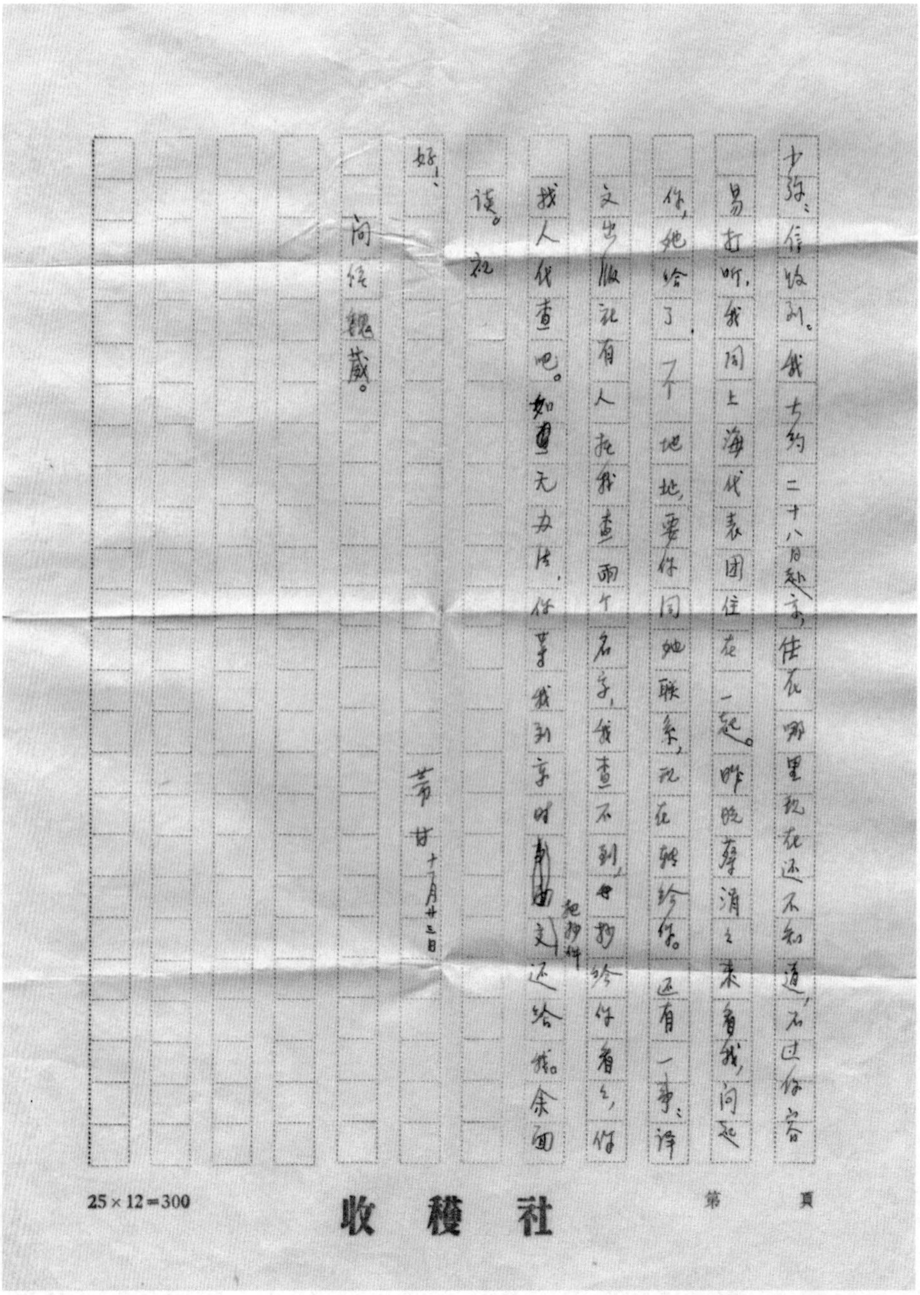

少孙：信收到。我大约二十八日赴京，住在哪里现在还不知道，不过你容易打听，我同上海代表团住在一起。昨晚摩涓涓来看我，问起你，她给了一个地址，要你同她联系，现在转给你。还有一事：译文出版社有人托我查两个名字，我查不到，把抄件给你看看，你找人代查吧。如查无办法，你等我到京时把原文还给我。余面谈。祝

好！

问候魏葳。

芾甘 十一月廿三日

25×12=300　收穫社　第　頁

第23封信

1981年11月23日

航空

小弥：

信收到。我大约二十八日赴京，住在哪里现在还不知道，不过你容易打听，我同上海代表团住在一起。昨晚蔡涓涓来看我，问起你，她给了一个地址，要你同她联系，现在转给你。还有一事：译文出版社有人托我查两个名字，我查不到，抄给你看看，你找人代查吧。如无办法，你等我到北京时把抄件交还给我。余面谈。祝

好！

芾甘

十一月二十三日

问候魏葳。

收信人的话：

蔡涓涓是毕修勺的女儿，是我儿时的玩伴，长大以后没有来往。

译文出版社要查找的名字，我已经查好报告伯伯了。

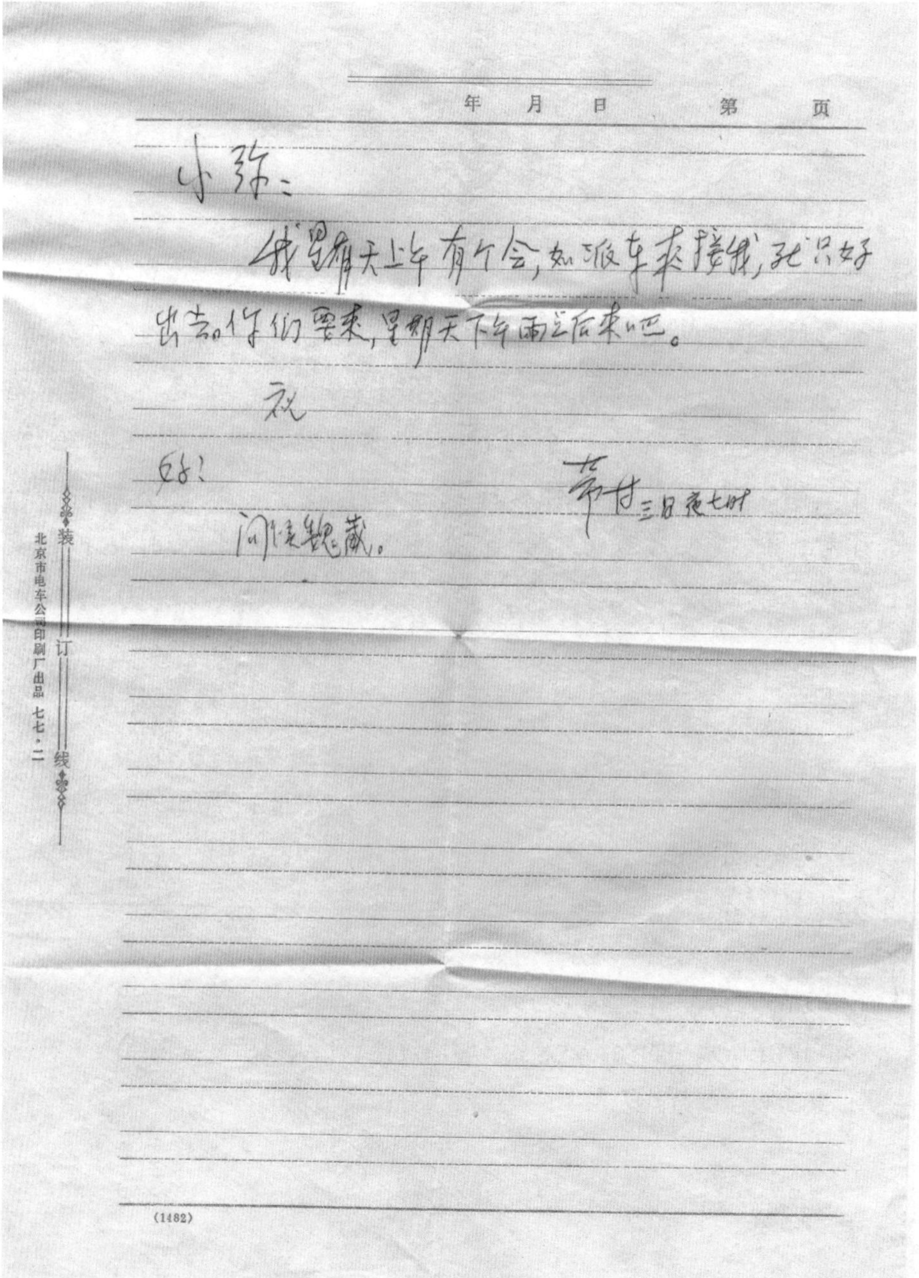

年 月 日 第 页

小弥：

我星期天上午有个会，如派车来接我，我只好出去。你们要来，星期天下午两点后来吧。

祝

好！

问候魏葳。

芾甘 三日夜七时

北京市电车公司印刷厂出品 七七·二

装 订 线

（1482）

第24封信

1981年12月3日

小弥：

我星期天上午有个会，如派车来接我，就只好出去。你们要来，星期天下午两点后来吧。

祝

好！

芾甘

三日夜七时

问候魏葳。

收信人的话：

伯伯来京开人大常委会，约我们去见面，我很高兴。每次见到伯伯总有说不完的话，可惜那时候没有相机，合影很难。

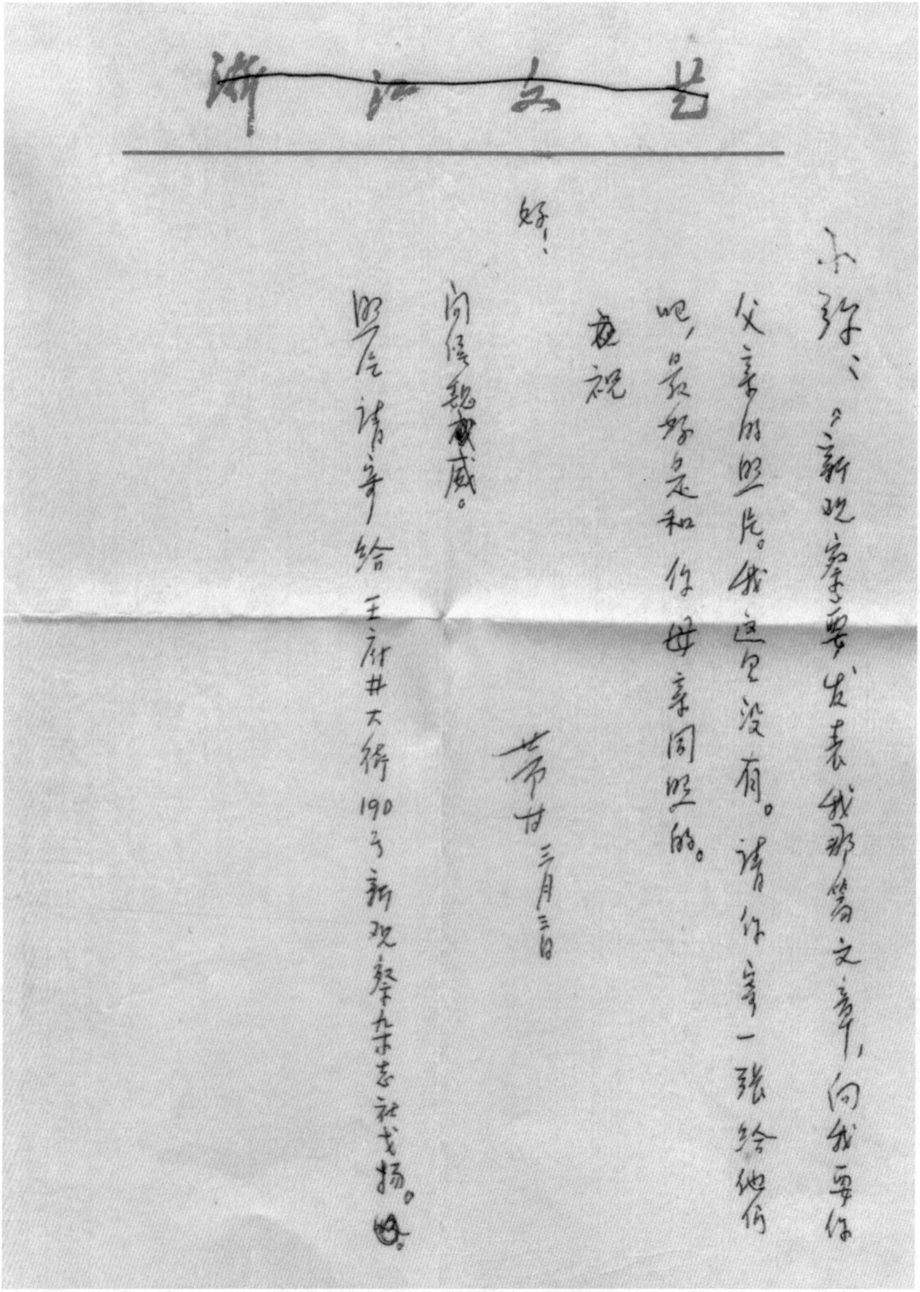

~~浙江文艺~~

小弥：

《新观察》要发表我那篇文章，向我要你父亲的照片。我这里没有。请你拿一张给他们吧，最好是和你母亲同照的。

并祝

好！

问候亲戚。

芾甘
三月三日

照片请寄给王府井大街190号新观察杂志社戈扬。

第25封信
1982年3月3日

小弥：

《新观察》要发表我那篇文章，向我要你父亲的照片。我这里没有。请你寄一张给他们吧，最好是和你母亲同照的。

祝

好！

芾甘

三月三日

问候魏威！

照片请寄给王府井大街190号新观察杂志社戈扬。

收信人的话：

从1929年巴金伯认识老爸起，他们就成了知己。真如伯伯所说，他们见面“海阔天空，东南西北，宇宙苍蝇，无所不谈。”父亲经过母亲罗淑的死亡、抗战期间的艰辛、政治迫害的痛苦和抗争，每个阶段都得到巴金伯的安慰与支持，我几次看见老爸在人生的关键时刻抱住巴金伯痛哭。死亡夺去了老爸的生命，但没有割断他们的友谊。老爸的遗体已经在殡仪馆成殓如仪了，可是马松亭阿訇带着一群回族朋友赶来。他们说，马宗融是回族的头面人物，影响大，必须按回族仪式安葬。我不答应，僵持了好一会儿，巴金伯说话了，他说，小弥，松亭阿訇我们在重庆就认识的，多次在清真寺开过会，你应该听松亭阿訇的话，让他按回族习俗，让你爸从土里来，回土里去。我和老爸一样，最信服巴金伯，立刻就同意了。亲爱的松亭阿訇用麦加带回来的圣水，巴金伯用一个完整的麝香安葬了老爸。接着，巴金伯又把两个孤儿带回家，直到我们长大成人。

在老爸去世三十三年之后，巴金伯写了《怀念马宗融大哥》一文。把他的一生作了一番勾勒。最后他说：“我知道他的缺点很多，但是他有一个长处，这长处可以掩盖一切的缺点。他说过，为了维护真理顾不得个人的安危，他自己是这样做到了的，我看见中国知识分子的正气在他的身上闪闪发光。”

《新观察》杂志要刊登巴金伯的这篇文章，伯伯向我要父亲的照片，我当即将我父母在法国的照片（还有幼小的我）送去给了《新观察》的主编戈扬。这篇文章在该杂志1982年6月号上刊登。后该杂志停刊，这篇文章也不容易找到了。幸好同年伯伯把它收入了《随想录》的《真话集》，这篇文章才得以永存。

怀念马宗融大哥 巴金

新观察

1982 / 6

1982年6月《新观察》

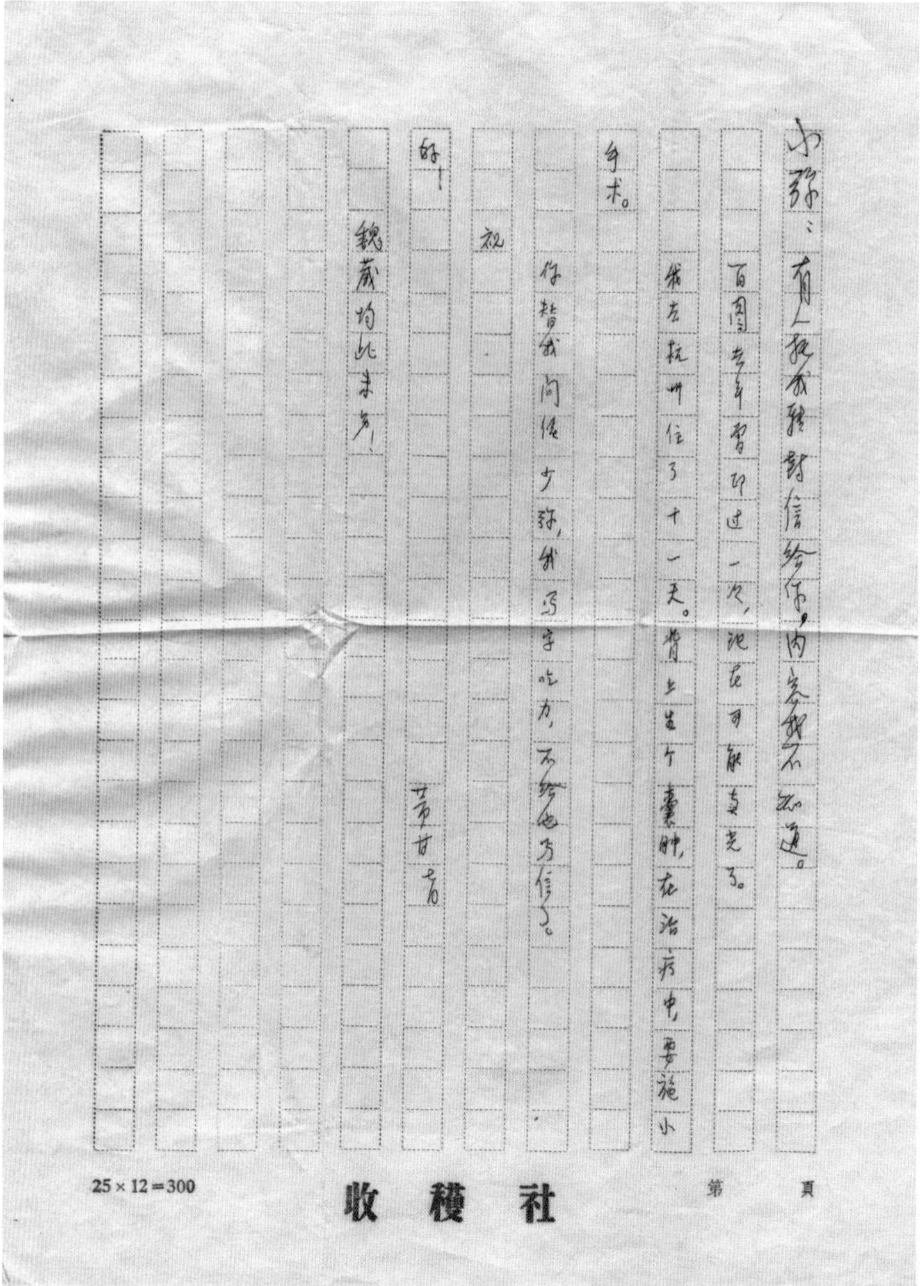

小弥：有人托我转封信给你，内容我不知道。

百周岁曾印过一次，现在可能已完了。

我去杭州住了十一天。背上生个囊肿，在治疗中，要施小手术。

你替我问候少弥，我写字吃力，不给他写信了。

祝

好！

芾甘　七日

魏葳均此未另！

25×12＝300　　收穫社　　第　　頁

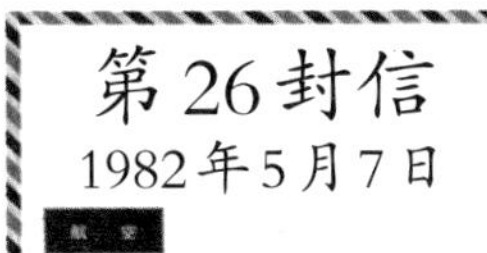

第26封信

1982年5月7日

小弥：

有人托我转封信给你，内容我不知道。

百图去年曾印过一次，现在可能卖光了。

我在杭州住了十一天。背上生了个囊肿，在治疗中，要施小手术。

你替我问候少弥，我写字吃力，不给他写信了。

祝

好！

芾甘

七日

魏葳均此不另！

收信人的话：

果戈理的《死魂灵》插图一百幅曾邮寄给我，算是借看。后来我弟弟马绍弥来信说伯伯“命我即将百幅图马上寄回，不得有误。伯伯说：当然是借给她，这本书不能给”。（当然是要给北图的）后来重印，一共才印了八百册，绍弥说：“看你可怜，李伯伯决定送你一本，已在扉页写好了字，目前在我处，回京再带给你，该知足了吧？你也算是珍本收集者之列了……”

小弥：信都收到。我的病基本上好了，还需要休息一个时期。写字还是困难。今天已经把《随想录》第三集《真话集》编好了。你要《探索与回忆》，我交给少弥带去。

……

你给妈妈写的传不够好，但能搞到这些材料也不容易，国炜拿去复印一份，存作协资料室，因为这里的刊物不想发表。倘使再丰富点，就可以给《新文学史料》。稿子让少弥带回。我看你还可以修改两遍，以后选集再版就把传略印在卷首。

别的下次谈。祝

好！

芾甘　十七日

问候魏藏！

15×16=240　　中国作家协会浙江分会　　第　　页

第27封信
1982年6月17日

小弥：

信都收到。我的疮基本上好了，还需要休息一个时期。写字还是困难。今天已经把《随想录》第三集《真话集》编好了。你要《探索与回忆》，我交给少弥带去。

你给妈妈写的传不够好，但能搞到这些材料也不容易，国煣拿去复印一份，存作协资料室，因为这里的刊物不想发表。倘使再丰富点，就可以给《新文学史料》。稿子让少弥带回。我看你还可以修改两遍，以后选集再版就把传略印在卷首。

别话下次谈。祝

好！

芾甘

十七日

问候魏葳！

收信人的话：

我写了篇纪念妈妈的文章《罗淑小记》，寄给伯伯，他认为不够好，上海的刊物没人要，嘱我再多改改，给北京的《新文学史料》。我遵嘱。我改了。母亲去世时我还不到八岁，年代久远，查找资料不易，改得很辛苦。1983年3月，终于在《新文学史料》刊登了，可惜巴金伯付出了心血的《罗淑选集》并没有如巴金伯所愿再版，这篇文章也就无从印在“卷首”。

罗淑小记

3

1983

新文学史料

〔一〕

罗淑小记

马小弥

罗淑遗像

罗淑（原名罗世弥）于1903年12月19日生于四川成都。她的父亲罗树屏原籍直隶，是个屡试不第的读书人，清末在绵竹县县令周某手下做过钱粮师爷。周县令死后，罗树屏把家带到成都，为谋生计，于1912年在简阳县城北二十余里的老马湾买下了六七口盐井、一处熬盐的灶房和一所与灶房相连的住宅，又把家从成都搬到老马湾。

罗淑的母亲是罗树屏的继室，1899年生长子世安，四年后生罗淑，之后又生了两个儿子世仪和世泽。

罗淑九岁的时候，从繁华的成都来到乡间，一切都觉得新奇有趣。她爱老马湾这儿是个竹木蓊郁的偏僻山坳，背后丘陵起伏，脚下沱江蜿蜒南流。深红的土壤，层层的梯田，墨绿的橘子树，浅绿的甘蔗地，竹林深处星星点点，住有几十户人家。

老马湾里井杆林立，有三家灶户，二三十口盐井，二百来个井工，空气里整日浸漫着一股酸腐的卤水味道。相传这里最早的盐井是官府押着“犯人”来开凿的，早年间这一带的山上有许多犯人住过的洞穴，“官山”（即无主的荒坟山）上蓬蒿没膝，蛇盘狼踞，荒冢里埋着许多异乡盐工的枯骨。然而一代又一代，还是有许多无以为生的他乡贫苦农民到这里来吃“咸水饭”。山间小路上往来奔忙着为灶户背煤、挑盐、割草的零工，沱江边的浅滩上印满了纤夫的脚印。

罗淑的家就在老马湾的半山坡上，竹篱树掩的浓绿之中。进得一扇黑漆大门，右边是盐工们吃饭的大厨房，左边是牛棚和干草堆；登上几级台阶进入二门，便是南北厢房，账房、客室、小厨房和罗淑的兄弟们住的屋子都在这里；最后一排坐西朝东的正屋，才是树屏夫妇带着罗淑居住的地方。正屋左边通一所小小的花园，里面种着梅花、丁香、玉兰和芭蕉，屋后高耸着一株疙里疙瘩带喜鹊窝的大鸡屎树。

北厢房的外侧，紧挨着就是熬盐的灶房。灶房没有墙，不过是几根木柱子支着一片简陋的瓦屋顶罢了。里面是一片令人惊心动魄的景象：一排四口大熬盐锅，每口锅的直径都在二米半左右，终年日夜不断地翻滚着大白泡。那舀盐水的大木杓，起盐的大铁铲，都不是普通人举得起，使得动的。灶匠从头至脚被煤烟熏得漆黑，尤其是脸，乌黑一团，只看得出两个白眼珠，枯瘦如柴，像鬼怪一般。盐灶砌得很低，几与地平，灶匠添盐水的时候，万一被煤烟和水蒸气迷糊了眼睛，就有失足跌下沸腾着白色溶液的盐锅的危险。起盐的时候更是艰险，要把达几百度高温的炽红的巨大盐块从大锅里撬出来，搁到地上逐渐冷却。稍一不慎，就会滑进锅里烫死。

盐井开在山坡的高处，每口井日日夜夜总有一个面黄肌瘦、短手短脚、十一二岁的小幺儿，驱牛绕着木制的车盘转，用辘轳把盐水汲上来，再由筒匠把盐水倒进地盆。盐水通过埋在地下的楠竹筒，汩汩地汇入半山坡盐灶房的那四口大锅，每天熬出上千斤白花花的盐来。

在这个方圆数里的小山坳里，有许许多多穷苦的人为了生活默默地挣扎在饥饿线上：濒于破产的贫苦农民、发育不全的放牛娃、累死拼活的灶匠、筒匠，背煤、挑盐的男女脚夫、匍伏在地挣扎着向前爬行的纤夫……。灶户、管事和盐务局骑在他们的头上；小酒店、烟馆和暗娼麻醉着他们的神经。扎着短辫子的罗淑就在这样的小山村里，度过了她的少年时代。

小弥：

信收到。小说也读了。我写字困难，杂事多，无法写回信，请谅。小说反映了现实，但只写了一种人，主人公的外表太难看了，令人恶心。一般跑单帮的大概不是这样吧。

祝

好！

芾甘 二十八日

问候魏威！也替我问候方弥。

第28封信
1982年8月28日

小弥：

信收到。小说也读了。我写字困难，杂事多，无法写回信，请谅。小说反映了现实，但只写了一种人，主人公的外表太难看了，令人恶心。一般跑单帮的大概不是这样吧。

祝

好！

芾甘

二十八日

问候魏威！也替我问候少弥。

收信人的话：

1982年我在去山东济南的火车上遇到一个二道贩子，很感新鲜，回家后便写了一篇叫作《道听途说》的小文，是挖苦二道贩子的。当时报纸上正在给二道贩子正名，我觉得这篇小文肯定不会被接受，就寄给了巴金伯，说明只是给他看看，消夏开心的。

伯伯就回了我这封信。过了几年，报上有了骂二道贩子的文章，我便将这篇小文寄出，发表在1984年第5期的《当代》上，题目改为《半道上来个天津客》。我自己非常喜欢这篇小文。

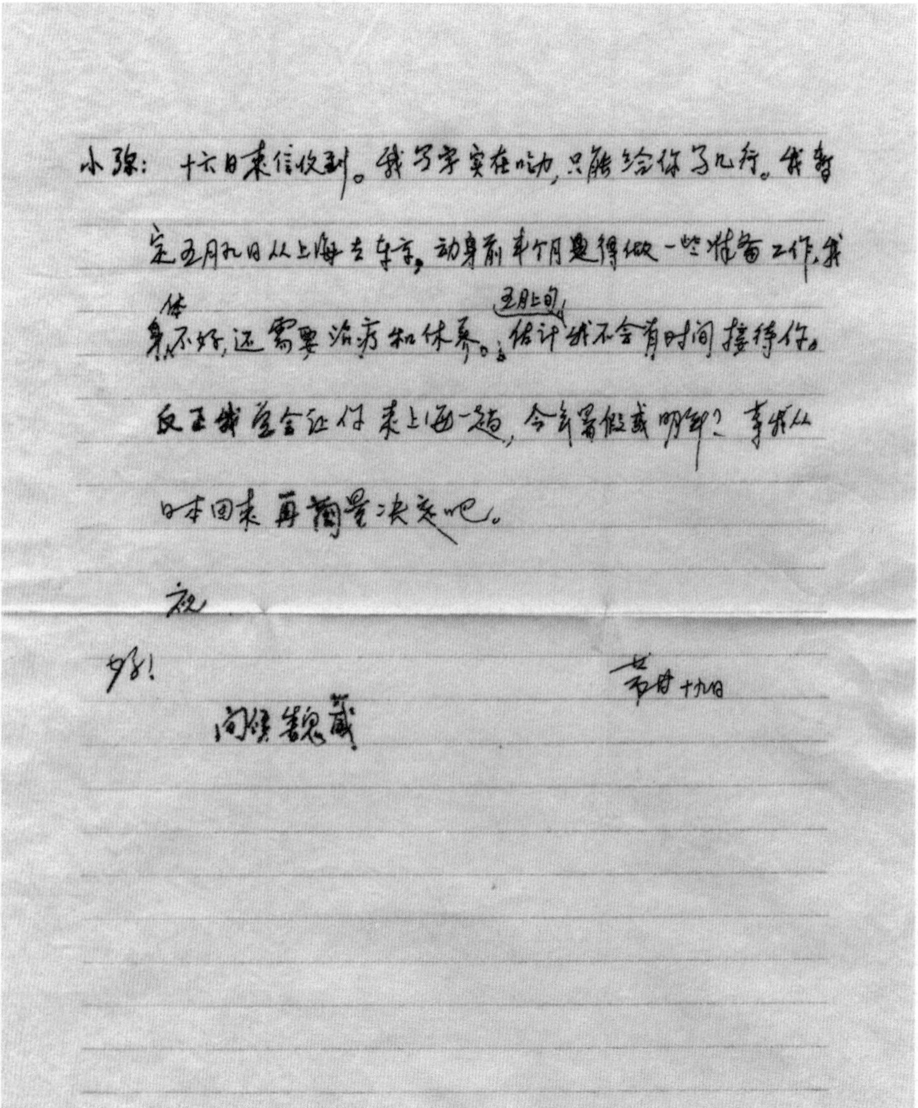

小张：十六日来信收到。我写字实在吃力，只能给你写几行。我暂定五月九日从上海去东京，动身前半个月还得做一些准备工作，我身体不好，还需要治疗和休养。五月上旬估计我不会有时间接待你。反正我总会让你来上海一趟，今年暑假或明年？等我从日本回来再商量决定吧。

祝

好！

芾甘 十九日

[illegible]藏

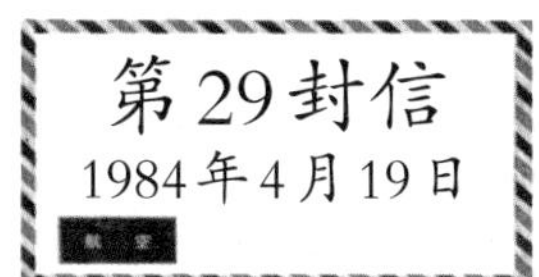

小弥：

十六日来信收到。我写字实在吃力，只能给你写几行。我暂定五月九日从上海去东京，动身前半个月得做一些准备工作，我身体不好，还需要治疗和休养。估计五月上旬我不会有时间接待你。反正我总会让你来上海一趟，今年暑假或明年？等我从日本回来再商量决定吧。

祝

好！

芾甘

十九日

问候魏葳

收信人的话:

这封信，是商量我去上海的事。实际上，我去过上海多次。其中有一次是请事假去的。事情是这样的：不记得是哪次面见伯伯，伯伯问起我的情况，知道我在干校专政队劳动期间，因下水田劳动时间过长，得了腰痛的病，有时一两个月下不了床。他便说，有一个姓周的按摩师，经验很丰富的，每周几次上家里来，给孃孃和李国煣她们按摩，各人自己付钱。你如愿意，也可以来。我很高兴，马上向领导请事假去了上海。周医生，女性，从小就学习推拿，从事这行已经好几十年。在你的脊背上一摸就知道你哪里有病。她按摩的时候，如果感觉痛就一定要喊出来。于是，一按到痛处，我和孃孃等人都要呻唤起来。巴金伯拄着手杖一边踱步一边叹息，似乎比我们还受煎熬。后来我们鼓动他也去按摩，嘱咐周医生手法要轻。但是伯伯自己却不肯呻唤出来，使我们很难过。

而这一次,我的上海之行到1986年7月才实现。见伯伯,谈得最多的是“疲倦”。

“想不到你真的老了，伯伯。”我说。

“怎么能不老呢，已经八十二岁了。”

“吃点好东西怎么样？”

“不是吃的问题。是太疲倦了,昨天才把《随想录》的最后一集编好发出去。”

“何不用个秘书呢？”

“用秘书就得工作。我是个老人，不想再工作了。我要争取休息的权利，是否争取得到，还很难说……八十二岁了，休息的权利还要我自己来争取。”伯伯的眼睛里有许多没有说完的话，说话使他疲乏。

几个月来，不时见到报上关于他“神采奕奕”，身体很好的报道，也有人说他闭门谢客，是为了奋力写作。然而眼前的伯伯，显得更老了，精疲力尽的样子。

他写了一百五十篇《随想录》，所有过去的作品，再版时一定要再校一遍。还要参加各种会议、访谈。要求他做事的是那样的多。有托他办事买书的，有索取资料的，有面谈之后，又要书面材料的，有要求开证明信的……不一而足。

还有许多爱他的人想来看他，想和他在一起待上一会儿，照上两张照片，说几句知心的话。

当然我也是其中之一。

我有一肚子的话要对他说，我希望伯伯撇开一切，只和我一个人说上几次话，说上许多话。我还很想像幼年时那样，乖乖地坐在一旁听他无拘无束，天南海北地和朋友们谈天。但是我难过地看到，从来不忍拒绝别人要求的伯伯已经力不从心。他强打精神和来访的人谈话，客人一走，他就颓然倒在躺椅上。有一次，头无力地落在椅背上，发出砰的一声。

巴金伯伯

我在心里哭了。我责备自己太自私。

10月，他要去杭州休息。“假如到杭州也得不到休息，我就回来。”

“我是一个老人。真爱我，就应该让我休息，让我再活上两三年。”他说：“我打算活到八十五岁。活太久了，也没有意思。地球尚有毁灭的一天，何必求不朽。一时把你捧上天，过不久又可以把你打倒，踩在脚下，我什么滋味都尝过，现在看穿了，我要争取休息的权利，什么也不做……”

其次谈得多的，是我的妈妈。我问伯伯：“你还记得我妈妈的样子吗？”

他答道:“当然记得：比你略矮一点，白白的，比你斯文多了，”说着笑了起来。我又问伯伯，立达学园那么好，妈妈为什么要离开？立达学园是“五四”运动的先驱匡互生创办的，是一所新型学校，提倡教育与劳动生产相结合，学生参加学校的管理，师生都参加劳动，各人按照特长与爱好，分别养鸡、种菜、养蜂，师生轮流做饭烧菜。课程有农业生产、园艺、社会科学、教育等。还常到社会上请一些学者专家如叶圣陶等来讲课，日子过得新鲜又有朝气。我的爸爸也去讲过课。这么好的学校，为什么走了？

伯伯说，妈妈离开立达，是因为匡互生死后，陈范予（教育家）被挤出立达，匡互生的宗旨也被变更。妈妈是陈范予请去的，陈走后，妈妈也就走了。我说伯伯你们年轻时真是赶上了好时候。伯伯说是呀，我们那时都是有理想有追求的，不像现在……你若真爱妈妈，就应该研究她。

伯伯的家距赵清阁嬢嬢的住处很近，因此得以和赵嬢嬢来往几次。我小的时候赵嬢嬢住在重庆北碚，我住在北碚江对面的黄桷树，北碚是个小文化中心，逢年过节爸爸带着全家到北碚与老舍、何迺仁等老友聚会，我就住在赵嬢嬢的宿舍里，和她很熟悉。这次见面，嬢嬢赠我一幅泛雪访梅图（1966年画）。我到中国图片社复制了一张寄给她以留念。以后被施蜇存老先生看见，大呼可惜，“不该送给她呀！”他遂拿去香港，制成当年的贺卡。此画又被多位学者转载，附在他们的研究作品里。

伯伯还嘱咐我多做少说。又欣喜地告诉我，儿子棠棠（笔名李晓）第一次发表作品《机关轶事》全家都不知道，是邮递员送稿费上门，九姑妈去拿图章才发现的。这篇东西蛮有意思，你可以看看。

离开上海的那天早晨，我和伯伯在园子里散了一会儿步。头天晚上我看中了一朵栀子花的大花蕾，准备临走带走。可是这会儿去看，已被人掐走了，我很懊丧。伯伯一迭声地说：再找,再找。可是再也找不到第二朵了。伯伯说，本来这些花都是归他管的，“文革”以后，他就不管了。

用赵清阁画制作的明信片

小孙：

信都收到。我写信困难，因此没有回信，你会原谅我。

关于你妈妈的纪念室，你的意见很对。她不是名人，也不需要请名人给她添光彩。她是个好人。我们纪念她，为了她的心灵美，为了她的文学上的成就，虽然她只有那么一点时间，来不及写太多作品，但这不能怪她！要是她多活二十年，那有多好！你说得对：纪念室不是家氏祠堂，在我们这里封建流毒还相当深厚，不可不坚持原则。你要的那几本画册我答应送给你，去年我太忙，今年要来，可以帮我找出给你带去。

祝

好！

问[illegible]！

芾甘 十八

收穫社

第30封信

1986年3月18日

小弥：

信都收到。我写信困难，因此没有回信，你会原谅我。关于你妈妈的纪念室，你的意见很对。她不是名人，也不需要请名人给她添光彩。她是个好人。我们纪念她，为了她的心灵美，为了她的文学上的成就，虽然她就只有那么一点时间，来不及写大部作品，但这不能怪她！要是她多活二十年那有多好！你说得对：纪念室不是罗氏祠堂，在我们这里封建流毒还相当深厚，不可不坚持原则。

你要的那几本版画我答应送给你，去年找不着，今年香香[①]来，可以帮我找出给你带去。

祝

好！

芾甘

三月十八日

问候魏葳！

① 香香，作者的女儿魏帆，当时受中国现代文学馆委派来沪帮巴金整理资料。

收信人的话：

1986年前后，四川简阳拟成立罗淑纪念室，乃至纪念馆，地址都选好了。当年我外公罗树屏清末在四川安县做钱粮师爷，后来到简阳投资盐业，拥有六七口盐井和一处熬盐的灶房，是个规模不大的资本家。三舅是袍哥的“舵把子”（即黑帮老大）。因此土改时外公一家都受到冲击。成立罗淑纪念室使罗家的人兴奋起来，要把我外公的照片挂到纪念室里去，我以为不妥，遂给巴金伯写了信。我曾私下对人说，我不喜欢官，也不喜欢官场。这话被一个简阳籍的干部听见，传到市委那里。这下就糟了糕。他们不等我去就开了关于罗淑的会，由我三舅的女儿代表家属致辞，县委的一位部长大人到各地采访罗淑资料，还带老婆去了上海。这个纪念馆终于中途夭折。黄苗子题的匾和郁风（我的干姐姐）画的罗淑像也不知去向。

《罗淑纪念室》曾经在简阳出现过，后不知所终。收信人与车辐在《罗淑纪念室》前。

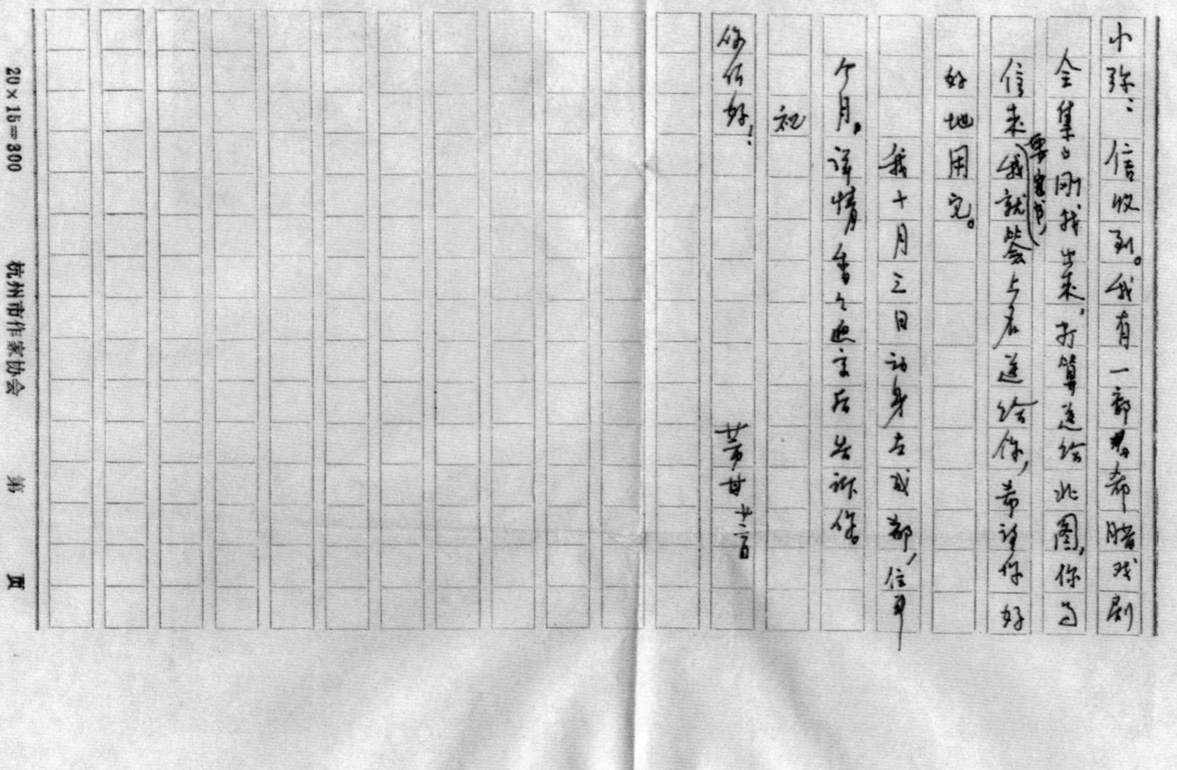

小张：信收到。我有一部[illegible]戏剧全集，刚找出来，打算送给北图，你写信来，（[illegible]）我就签上名送给你，希望你好好地用完。

我十月三日动身去成都，估计一个月。详情当返京后告诉你。

祝

你们好！

[illegible] 十二日

20×15=300 杭州市作家协会 第 页

第31封信

1987年9月26日

小弥：

信收到。我有一部《希腊戏剧全集》刚找出来，打算送给北图，你写信要这书，我就签上名送给你，希望你好好地用它。

我10月3日动身去成都，住半个月。详情香香返京后告诉你。

祝

你们好！

芾甘

廿六日

收信人的话：

1978年，李健吾伯伯对我说："哪里有'言必称希腊'的事，人们对希腊还是知道得太少了。"遂借给我美国剧作家惠特尼·J·奥茨和小尤金·奥尼尔编纂的希腊悲喜剧英译全书两大本，叫我"好好看看"。我花了好几个月时间将它通看（不敢说读）了一遍，神魂颠倒，连好不容易找到的中国人民大学的工作，都推迟了半个月才去报到。恋恋不舍地还掉这套书之后，意犹未尽，遂向巴金伯讨要，想来他一定会有。果然，这套书我若不去讨，他就送给北图了！万幸，万幸。这套书悲喜剧俱全，前面有总论，其中对演出场地、布景都有详细描写；使我明白了为什么没有现代化的扩音设备，却能使八万人听见演员歌唱、对话的奥秘。除总论之外，每剧前面都有剧情梗概，有的还有一定的评论。我想，我没有能力全译这些剧本，但把总论和每剧的梗概翻译出来，也能使想要了解希腊古剧的人知道个大概。于是我把所有的业余时间都花在了这项翻译上，搞了两三年还未弄及一半。可是我到处联系，没有出版社愿意出这本书。下了大大的力，却受到了冷遇，我终于泄了气，停止了这项吸去我许多精力的工作。伯伯说："希望你好好地用它，"我没能够做到，真是辜负了巴金伯的期望。

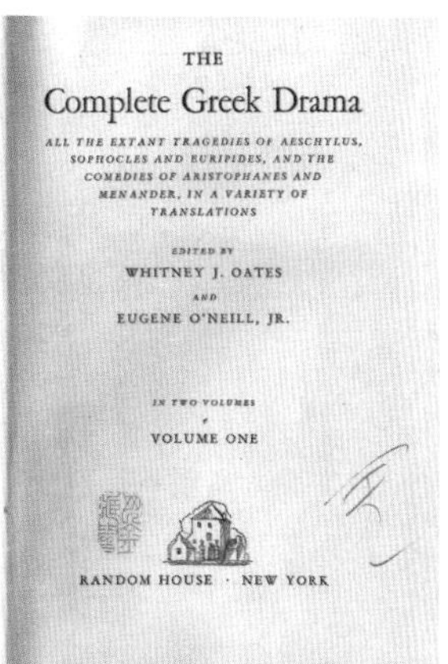

巴金伯送我的《希腊戏剧全集》。上有巴金藏书章及签字“金”。

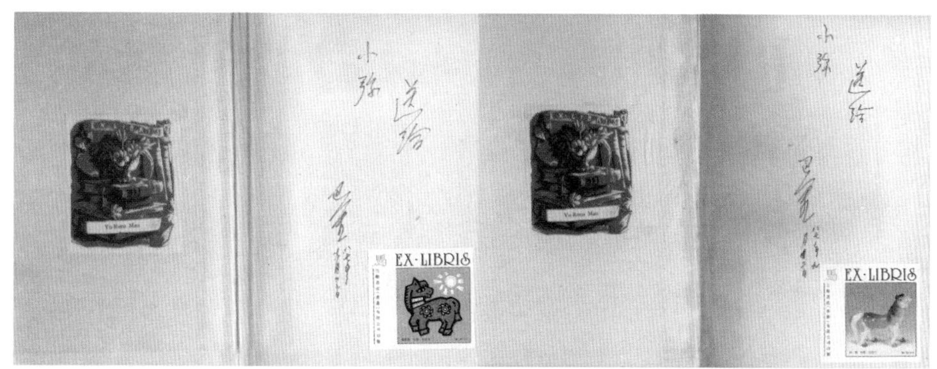

巴金伯在两本书的扉页上都郑重地题上了字，每本书扉页上都有两张藏书票：一张是香港地区藏书票，一张是外国藏书票，两张香港藏书票还不一样，都极其珍贵。

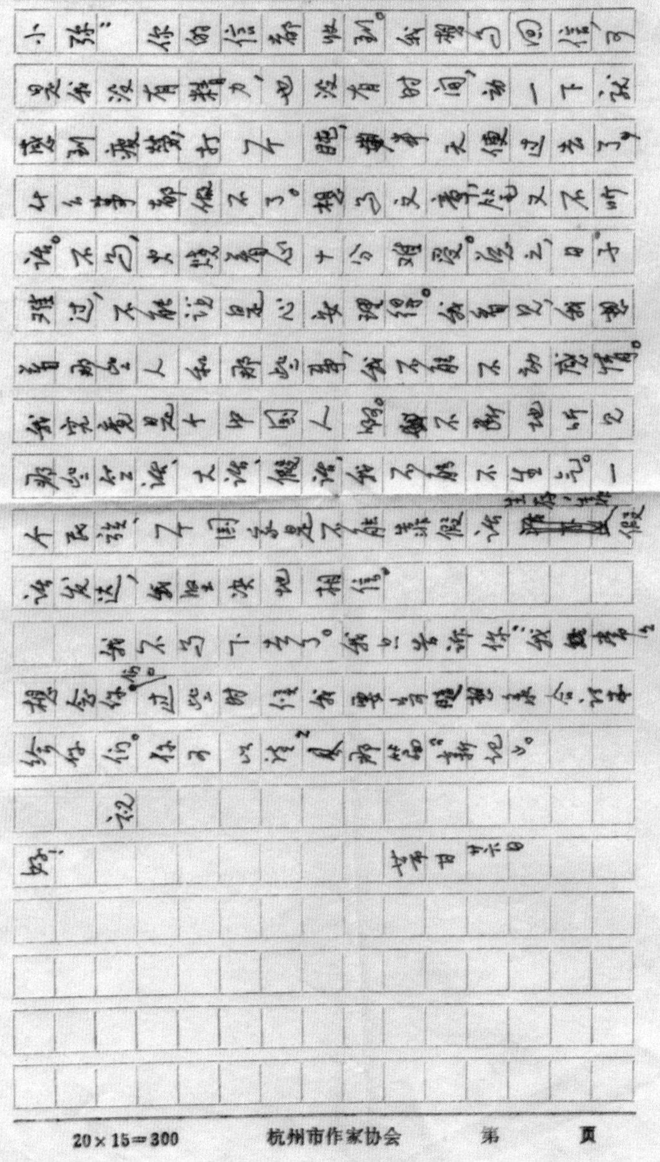

小孙：

你的信都收到。我想写回信了，可是我没有精力，也没有时间，动一下就感到疲劳，打个盹，事又便过去了，什么事都做不了。想写又写不成也又不时说。不写，又总觉着心十分难受。总之，日子难过，不能让自己心安理得。我看见，我想看到的是人和事，我不能不动感情。我完全是个中国人啊。我不断地呼吁那些好话、大话、假话，我不能不讲一个民族，一个国家是不能靠讲假话、空话、大话发达的，我坚决地相信。

我写不下去了。我只告诉你：我真真想念你们。过些时候我要到杭州来看你们，请好你。你可以注意身体，好好养身吧。

祝

好！

芾甘 廿六日

20×15=300　　杭州市作家协会　　第　　页

第32封信

1988年1月26日

小弥：

你的信都收到。我想写回信，可是我没有精力，也没有时间，动一下就感到疲劳，打一个盹，半天便过去了，什么事都做不了。想写文章，笔又不听话。不写，火烧着心，十分难受。总之，日子难过，不能说是心安理得。我看见，我想着那些人和那些事，我不能不动感情。我究竟是个中国人啊。不断地听见那些空话、大话、假话，我不能不生气。一个民族、一个国家是不能靠假话生存，靠假话发达，我坚决地相信。

我不写下去了。我只告诉你：我常常想念你们。过些时候我要寄《随想录》合订本给你们。你可以读读那篇《新记》。

祝

好！

芾甘

廿六日

收信人的话：

巴金伯写这封信的时候，心情显然十分激动，他一贯反对假、大、空，力主真、善、美，从来如此，可敬的伯伯。

收获

小孩：

好久不给你写信了。你的信都收到，你要发议论，讲的我全懂，或者似懂非懂，我身体不好，写字不容易，常常想跟你讨论，但是没有精力，口不能说，手不能写，有什么办法呢？只好请你原谅了！我常望你还是坐下来，翻译几本书，然后写一点东西。我羡慕你，你还可以工作二三十年，爱惜这宝贵的时光吧。

刚写了上面一段，你的信来了，我叫香香给你回信。

我只告诉你一件事：我决定把狄更斯全集送给你。你问我要过几次，我喜欢狄更斯，还想翻翻它，以前没有答应。现在我没有时间了，留给你吧。

祝

好！

芾甘 十一月 日

问候魏威！

第33封信

1988年8月11日

小弥：

好久不给你写信了。你的信我都收到了，你爱发议论，讲的我全懂，或者似懂非懂，我身体不好，写字不容易，常常想跟你讨论，但是没有精力，口不能说，手不能写，有什么办法呢？只好请你原谅了！我希望你还是坐下来，翻译几本书，然后写一点东西。我羡慕你，你还可以工作二三十年，爱惜这宝贵的时光吧。

刚写了上面一段，你的信来了，我叫香香给你回信。

我只告诉你一件事：我决定把狄更斯全集送给你。你向我讨过几次，我喜欢狄更斯，还想翻翻它，以前没有答应。现在我没有时间了，留给你吧。

祝

好！

芾甘

八月十一日

问候魏威！

收信人的话：

1988年，我有不少台湾同学到大陆来谋出路，找做生意和投资的门路。那时物价不断往上涨，我想起巴金伯捐给文学馆的钱天天在贬值，心中不安，就写信给巴金伯，问他是否可以托给可靠的人拿那笔钱去做生意，弄点活钱办事业。不料伯伯收到我的信后大惊（事后听说他夜里睡不着觉，全家也很紧张），立即叫我女儿给我回信说不可，要我别胡思乱想，坐下来，或译或写，认真用功做点事情。1985年我向他讨狄更斯全集，他不肯给，说他喜欢狄更斯，有时候还想翻看翻看。这次他决定把全集送给我。当时我大女儿在上海，看了巴金给我的信后说，妈妈收到书当然会欣喜万分，但是“我没有时间了”这句话写得不好，妈妈看了会伤心的。巴金伯想了一会儿，又让我女儿告诉我，他还要干许多事，顾不上看那书了，叫我放心。

其实做生意的事，我也就是乱想，巴金伯不点头，我哪敢乱说乱动？他认为做买卖的人必须有市侩气，说是四川有句顺口溜：“全家做生意，胜过总书记。”但最好还是不要“全民皆商”吧。大概他认定我是不会做生意的，又有看小说的瘾，给了我狄更斯就占住了我的心，不会作怪了。

如今这套狄更斯全集珍藏在我的书柜里，既是我的良师，又是我的安慰。说来惭愧，我只试译过其中的《双城记》，巴金伯该对我失望了。

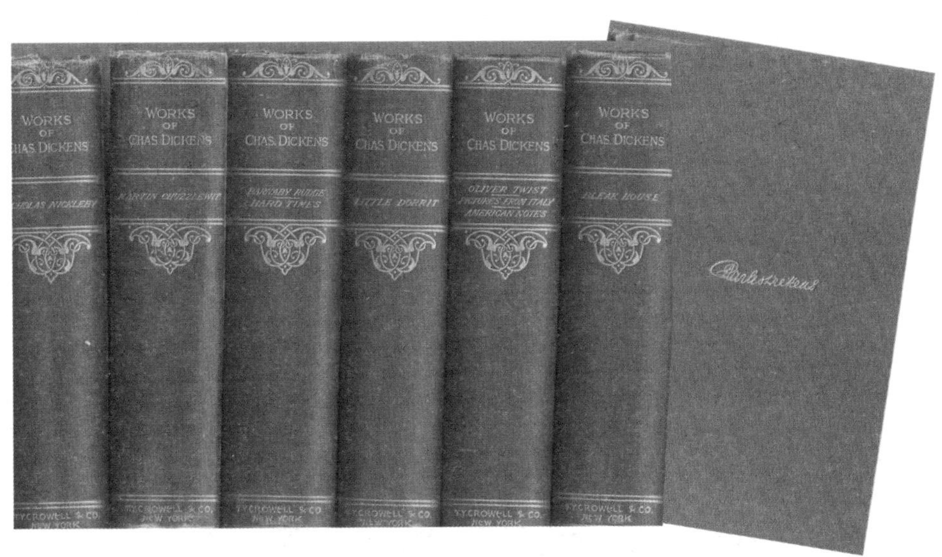
WORKS OF CHAS. DICKENS
MARTIN CHUZZLEWIT
BARNABY RUDGE
HARD TIMES
LITTLE DORRIT
OLIVER TWIST
PICTURES FROM ITALY
AMERICAN NOTES
BLEAK HOUSE
T.Y.CROWELL & CO.
NEW YORK

狄更斯全集部分书影

小孙：信收到，写字十分吃力，无法多写，请原谅。我不赞成设立基金会出钱请人把我的小说译成外文到外国推销，争取什么奖金，因为争不到，没有这样方便的奖金；三流的小说是写给中国人看的，从来不想骗外国人的钱；三流作品译成外文出版的也已不少了。祝

好！

问候魏威。

芾甘 十三日

第34封信

1990年3月11日

小弥：

信收到，写字十分吃力，无法多写，请原谅。我不赞成设立基金会出钱请人把我的小说译成外文，到外国推销，争取什么奖金，因为一，办不到，没有这样方便的奖金；二，我的小说是写给中国人看的，从来不想骗外国人的钱；三，我的作品译成外文出版的也已不少。

不多写了。祝

好！

芾甘

三月十一日

问候魏威！

收信人的话：

这封信的由来是这样的：

1989年5月至9月，自台北回大陆探亲的吴克刚伯几次写信给我，说他和台湾的几个朋友有意筹组一个基金会，把巴金全集译成多种外国文字出版，争取诺贝尔奖金。他希望我能协助几位长辈，在国内外物色妥当的、高水平的翻译人才和出版社。

吴克刚是我父亲马宗融的老友，1947年父亲携家去台湾大学任教，初到台北时，在他家住了好几个月。当时他是台湾大学教授，又做着省立图书馆馆长。1949年父亲带着我和弟弟回大陆，跟他一别就是几十年。我的父亲已经亡故，克刚伯退休后潜心瑜伽，在台湾、日本和印度的气功界很有声望，著有关于瑜伽的多种著作。

接到他的信，我在向我的几位老师讨教之后认为，虽说真正能把巴金全集译得有相当文学水准的人才不多，但要在大陆物色到这种人才还是可能的，无论翻译或出版都可以拿得下来。可是我深知巴金伯凡事有他自己的见解，而且脾气很犟，这样大的事情，没有他本人的同意是无法进行的。因此我便给巴金伯去了一封信，要求他说声“行”或“不行”。殊不知他竟认认真真给我回了上述这封信。听说他还抱怨：“这个马小弥，要我给她写信，把我累死了！”

收到这封信，我立即复信吴克刚伯伯，告诉他，由于巴金伯不同意，这件

事我不能做。因此这事就这样断然地结束了。

（我把这件事作为小文，刊登在1992年8月29日的《人民日报》海外版上，标题是《记巴金伯给我的一封信》。）

这篇小文，还引来了《联合报》联合副刊上台湾刘绍铭先生一篇名为《文化善事》的文章。刘先生的文章，是用“市场推销”术的观点写的，巴金伯的书，肯定不是用来赚钱的，说它是“货”，我听着都觉得刺耳。巴金伯常说:“如果我的作品能够给读者带来温暖，在他们步履艰难的时候能够做一根拐杖给他们用来加一点力，我就十分满意了。”价值观不同，没法说。刘先生发表这篇文章的时候，巴金伯的《随想录》专栏在香港《大公报》上开篇已经十四年了。看来刘先生是没有看过《随想录》的,想必也不看《大公报》。他不知道巴金伯的作品，无论新的旧的，在国外和港澳台地区都很受欢迎。《随想录》共有一百五十篇之多，还没有发表完，就有了日译本。1979年巴金伯重访法国的时候，亲耳听见法国朋友用他们的语言朗诵《随想录》中的文章。说到旧作，1946年的《寒夜》，不但被拍成了电影，还有外国人认为原作是“一本燃烧着希望的书。”巴金伯的作品，基调是反封建，因此可以预想，今后随着社会主义文化的大发展大繁荣，对巴金伯作品的研究和关注，定会不断加强。

顺便说一句，刘先生说的“吃过饭了没有”本是一句北方人常用的家常问候语，译起来也没有那么“可怕”。我以为一个“Hello!”或“Hi!”便可搞定。

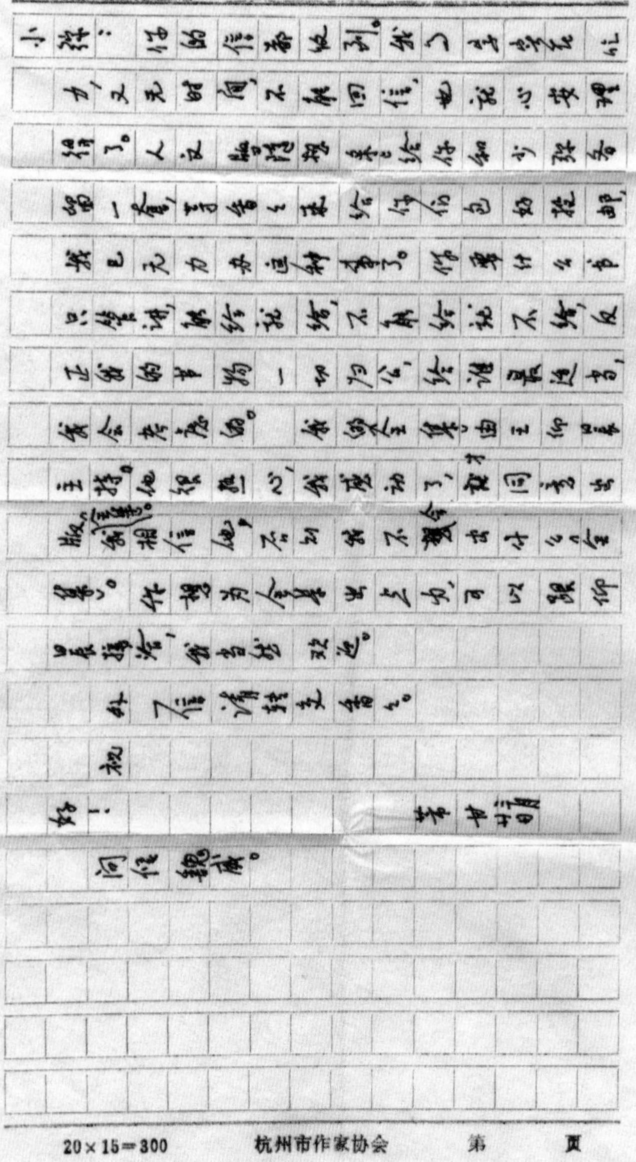

小群：你的信都收到。我已年老无力，又无时间，不能回信，也就心安理得了。人文医院想要给你和小群各留一套，等香香来给你们包好挂邮，我已无力办这种事了。你要什么书只管讲，能给就给，不能给就不给，反正我的书物一切归公，给谁最适当，我会考虑的。

我的全集由王仰晨主持。他很热心，我感动了，我才同意出版全集。我相信他，否则我不会出什么全集。你想为全集出点力，可以跟仰晨接洽，我当然欢迎。

外一信请转交香香。

祝

好！

芾甘

问候魏威。

20×15=300　杭州市作家协会　第　页

第35封信
1990年3月20日

小弥：

你的信都收到。我写字实在吃力，又无时间，不能回信，也就心安理得了。人文版《随想录》给你和少弥各留一套，等香香来给你们包好投邮，我已无力办这种事了。你要什么书只管讲，能给就给，不能给就不给，反正我的书物一切归公，给谁最适当，我会考虑的。

我的《全集》由王仰晨主持。他很热心，我感动了，才同意出版全集。我相信他，否则我不会出什么《全集》。你想为全集出点力，可以跟仰晨接洽，我当然欢迎。

外一信请转交香香。

祝

好！

芾甘

三月廿日

问候魏威。

收信人的话：

给我和弟弟绍弥每人一套《随想录》，太好了！伯伯的书，我喜欢各种版本都要，比较它们的不同，很是有趣。但信息要快，赶紧说“我要。”否则伯伯一时忘记就惨了。1990年我已退休，想找点事干，便问伯伯可不可以为他的全集做点什么。他回信要我问王仰晨叔，我问了，仰晨叔说暂时不需要，需要时找我，遂作罢。

伯伯患帕金森病多年，手抖得厉害，而且越来越重，故说写字艰难。他拿笔的姿态，因为要特别用力，像拿毛笔一样竖起来。可敬的伯伯！

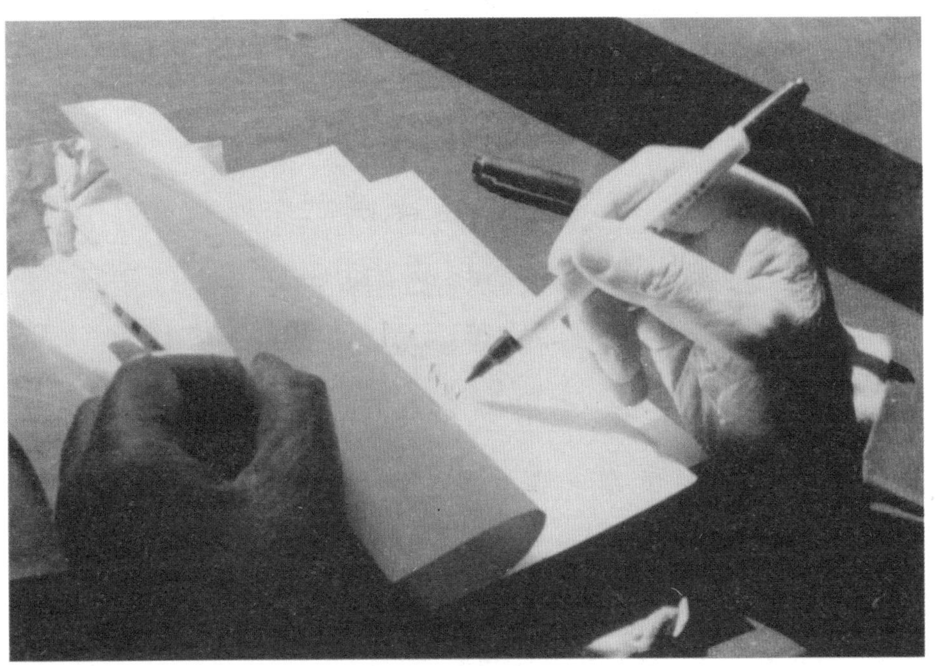

巴金伯拿笔的手

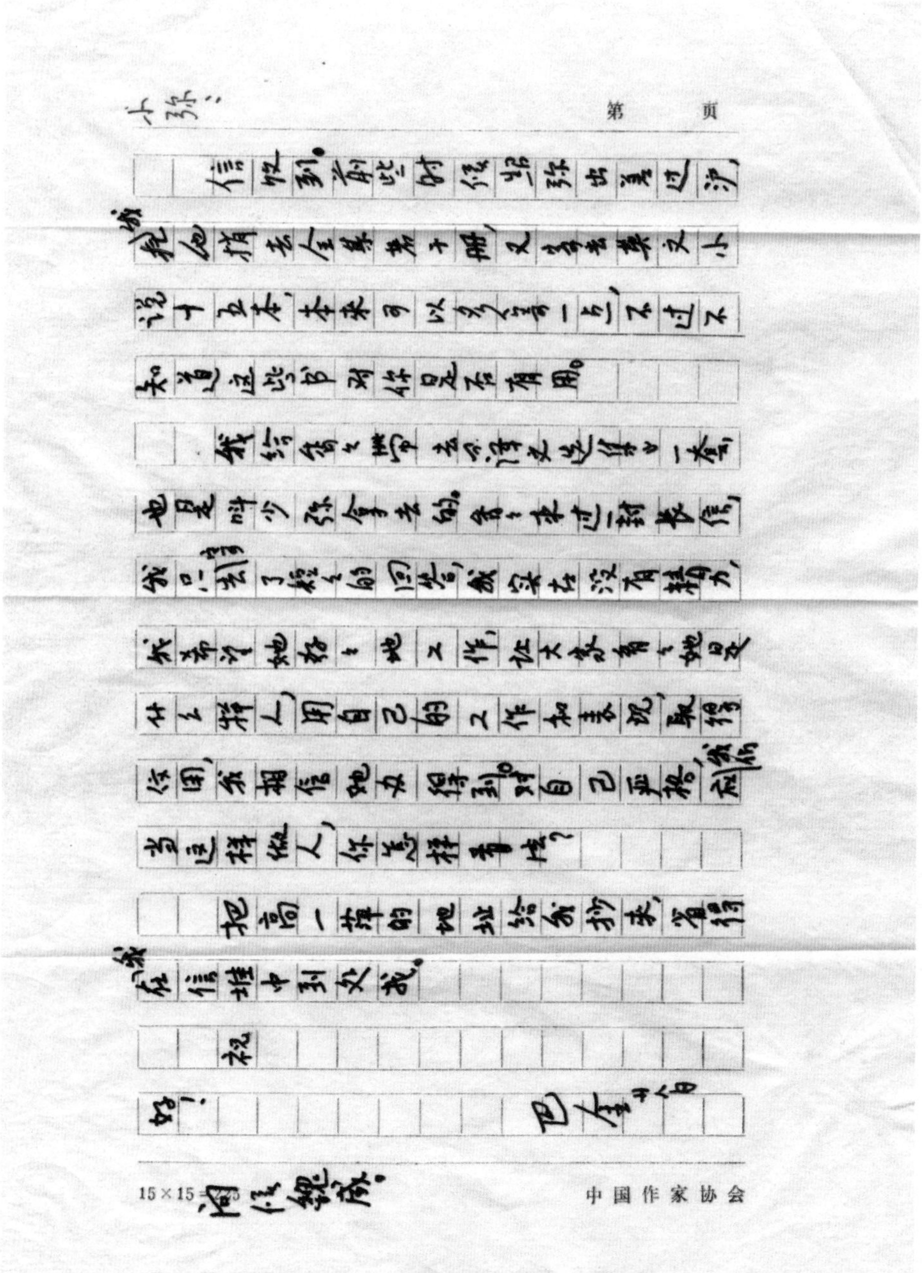

小孙：

第　页

信收到。前些时候我出差过沪，托人捎去全集第十册，又寄去译文小说十五本，本来可以多寄一点，不过不知道这些书对你是否有用。

我给你们寄去的译文选集一套，也是叫小孙拿去的。看看来过二封长信，我们谈到了她们的问题，我实在没有精力，我希望她好好地工作，让大家看看她是什么样人，用自己的工作和表现，取得你们，我相信她会得到。对自己严格，我们应当这样做人，你怎样看法？

把高丽一萍的地址给我抄来，省得我在信堆中到处找。

祝

好！

巴金　廿八日

问候魏敏。

15×15=225　　中国作家协会

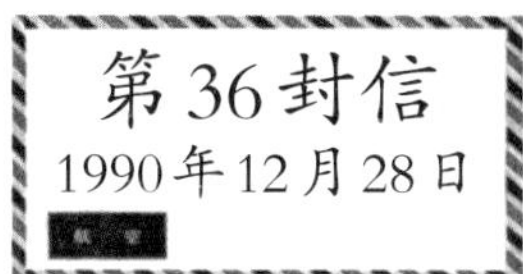

小弥：

信收到。前些时候绍弥出差过沪，我托他捎去全集若干册，又寄去英文小说十五本，本来可以多寄一点，不过不知道这些书对你是否有用。

我给香香带去《译文选集》一套，也是叫少弥拿去的。香香来过一封长信，我只寄去了短短的回答，我实在没有精力，我希望她好好地工作，让大家看看她是什么样人，用自己的工作和表现，取得信用，我相信她办得到。对自己严格，我们应当这样做人，你怎样看法？

把高一萍的地址给我抄来，省得我在信堆中到处找。

祝

好！

巴金

廿八日

问候魏威。

收信人的话：

香香是我的大女儿，因为家里的关系到巴金伯身边做些零碎工作。她属于知青一代，只上过中学，文化不高，又心浮气躁，时犯错误。巴金伯来信指出对她的要求，相信她是能做好的。不过，为了表示严肃与郑重，一反往常的署名芾甘，改用“巴金”。

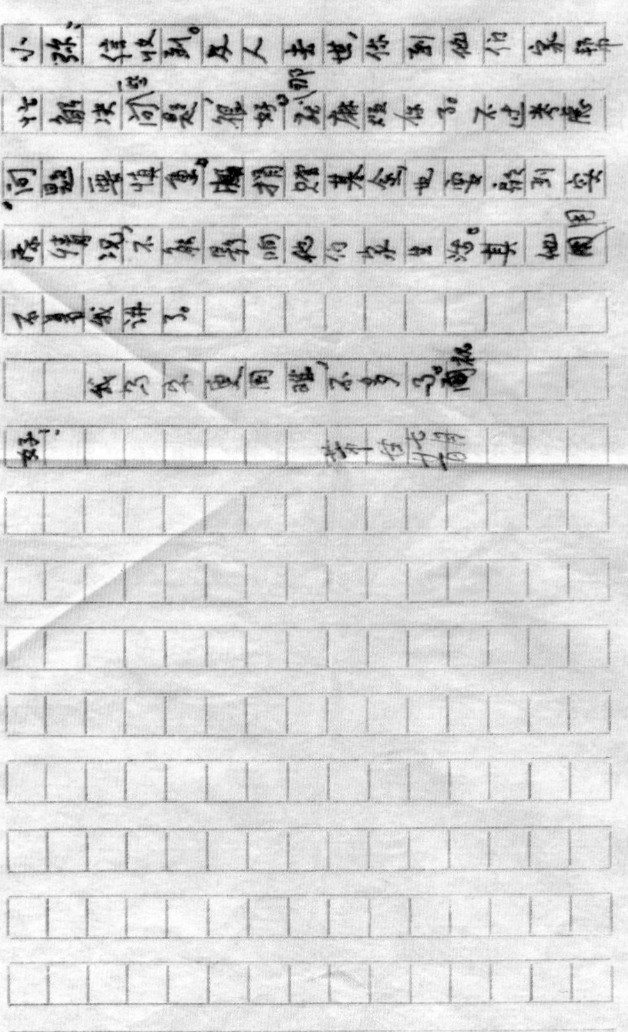

第　　页

小孙：信收到。友人去世，你到他们家帮忙解决些问题，很好。那就麻烦你了。不过考虑问题要慎重。捐赠基金也要顾到家庭情况，不要影响他们今后生活。其他不再细讲了。

我写字更困难，不多写了。祝好！

芾甘

15×15＝225　　中国作家协会

第37封信

1991年7月21日

小弥：

信收到。及人去世，你到他们家帮忙解决一些问题，很好。那就麻烦你了。不过考虑问题要慎重。捐赠基金，也要顾到实际情况，不能影响他们家里生活。其他用不着我讲了。

我写字更困难，不多写了。

祝

好！

芾甘

七月廿一日

收信人的话：

及人即汝龙叔（1916年—1991年7月13日），翻译家，是《复活》、《契诃夫文集》等文学名著的译者，1953年辞去平明出版社（经理是巴金伯的弟弟采臣叔）编辑主任的工作，成为翻译工作的自由职业者。1991年汝龙叔去世，我赶到他们家，婶婶说，汝龙叔生前有言说要把稿费捐给文学基金会。我生在名人堆中，深知他们的问题不好办，所以凡给长辈们办事，一定要事先问清楚，我就写了一封信给巴金伯。他这时写字更困难了，但他出于对老朋友的关心，还是很快回了信。这大概是他给我的最后一封信了。正好这时汝龙叔的大女儿两口子从美国回来了，我就不再插手这件事。

收信人与汝龙的合影

附录一

巴金伯给我舅舅罗世安的一封信

世安兄：

我曾到巴黎，托法国友人打听你的消息，没有结果。昨天得到你的来信，又托友人同你联系，也打听不到你的住处。今天再请友人设法找你，不巧碰着星期天，你不上班，也许仍然联系不上，那就下次见吧。小孩、孩孩姐弟都在北京工作，而且都好，请勿念。希望你们回国看看。

祝

好！

李芾甘 言

Mme CHÉ
1, Allée des Faunes
Parc Liserb
06000 NICE

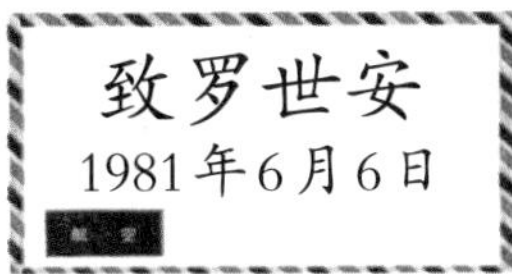
致罗世安
1981年6月6日

世安兄：

我四日到尼斯，托法国友人打听您的消息，没有结果。昨天得到您的来信，又托友人同您联系，也打听不到您的住处。今天再请友人设法找您，不巧碰着星期天，您不上班，也许仍然联系不上，那就下次见吧。小弥绍弥姐弟都在北京工作，而且都好，请勿念。希望您回国看看。

祝

好！

李芾甘

六日

收信人的话：

1981年6月，巴金伯到了法国尼斯，去找我的舅舅罗世安。几次联系不上，遂留下了这封信。后来舅舅回到北京，去世时我在他的遗物中发现了巴金伯的这封信，还有一张巴金伯签了字送他的照片。罗世安生于1899年，1919年2月，和好友马宗融一起勤工俭学留学法国。巴黎和会结束后，中国代表团回国，在巴黎留下一个常驻国联（即联合国前身）小组。舅舅罗世安、爸爸马宗融先后被调至该代表小组工作。爸爸听说里昂中法大学需要从事教务工作的人，便忙忙辞去官职，托人引荐，到中法大学去了。“九·一八”后携妻女回国。

而舅舅则愿意留在国联小组，他的妻子德莱莎是意大利人。舅舅从主事、随员一步一步升到一秘参赞，在瑞士度过二战的困难时期，1945年回重庆述职兼活动升迁，通过爸爸认识了许多文化界朋友，与巴金伯过从更多。舅舅终于如愿，当上驻意参赞，后又升驻希腊公使。1949年辞职到法国尼斯开快餐店。1982年舅母德莱莎去世，舅舅罗世安在前驻国际劳工组织官员朱学范、李平衡等朋友的帮助下于1983年回国，任北京市政协委员，1987年去世。

舅舅夫妇

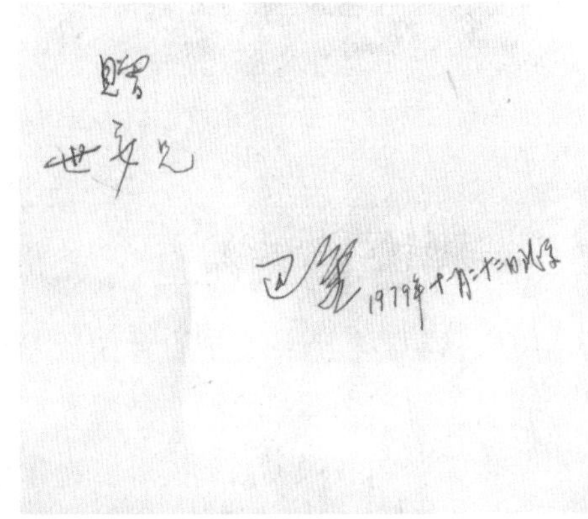

从罗世安的遗物中找到的，还有这张照片。照片背后，还有巴金伯的签名。

附录二

我热爱的巴金伯

1993年的巴金伯笑得如此灿烂

再过几天，亲爱的巴金伯就要过百岁生日了，百岁！有多少欢欣、痛苦、爱情、友情、悲哀和血泪。这一百年的坎坎坷坷，多么的不容易！

从四岁起，我就把巴金伯当作了我的亲人，那时我的父母带着我刚从法国回来，住在上海法租界（拉都路敦和里），家中经常高朋满座，多是“五四”以后崭露头角的作家，如巴金、李健吾、靳以、曹禺、黎烈文等。他们是一群激情满怀的中年人，渴望为多灾多难的国家和人民作出贡献。他们探讨中国现代新文学应走的路子，他们写文章，办杂志，出书，对民族、对国家危亡发表宣言，他们谈天说地，宇宙苍蝇，热烈得很。每每要谈到深夜才散去。每当有新作品新人物出现，他们就议论，摆谈，真诚推荐。巴金伯成名较早，1931年发表的《家》更是非常轰动，使他很容易在朋友中成为注意的中心。巴金伯在生人面前少言寡语，在熟朋友中说起话来却能滔滔不绝，面红耳赤，发急时还有点口吃。啊，那真是快乐的时光！我那时还只是个四五岁的小笨虫，中国话还说不利索，常闹笑话。记得巴金伯曾学着我的口吻，摇着我的肩头说："你汗出流淌，你汗出流淌，哈哈！"

我那时虽然只不过是个懵懂幼儿，却也有幸看见了巴金伯的初恋时的一鳞半爪。

大约是在1936年秋后，巴金伯和靳以伯上我们家来的时候，便各自多了一条影子：一条是巴金伯的女朋友陈蕴珍，一条是靳以伯的女朋友陶肃琼。他们每周都要来一两次。陶小姐文静端庄，陈小姐活泼娇憨。她们一来，家中顿时热闹了许多。都是上海爱国女校的高中学生，思想激进，参加了抗日救亡的工作。陈小姐在伤兵医院作护士。那时还不到二十岁，巴金伯《火》中的冯文淑就是以她为原型的。陈小姐喜爱文学，曾用笔名"慧珠"，在茅盾主编的《烽火》周刊上发表过报告文学《在伤兵医院中》，巴金伯根据这篇文章写了《火》第一部的第二章。他在第一部的后记中说："一个朋友给我供给了伤兵医院的材料。那全是她亲身的经历。我自己虽然'走马看花'地参观过两个'救护医院'，但是我看到的也只有表面的设备。那个朋友的叙述倒给我那一章的小说添了不少的真实性，我应该感谢她。"对于文淑本人，巴金伯深情地形容她"长着一对可爱的酒窝"，说她"还是个小孩，很不成熟。"的确，陈小姐那时还是个孩子，来了就和我做游戏，搭积木，还爬那石库门的墙头。那墙挺高，她上得去，却下不来，蹲在墙头上没有办法。朋友们起哄："叫老巴抱她下来。"巴金伯涨红了脸，一边往后退，一边摇着手说："不，不，不。"最后形成僵局。还是靳以伯伸出手去，把她搀了下来。于是大家笑话巴金的木讷，说人家请他和靳以到爱国女校去演讲，他推辞不了，去了，开口就说："我，我，我叫李巴金，我是四川人……"下面就没有话了。僵了半天，还是靳以解围，接过话头，讲了下来。

1937年日军进攻上海，打散了朋友们的快乐聚会。我们家回到家乡四川成都，不久，妈妈就因生弟弟得产褥热去世了。父亲娶了继母，应复旦大学之聘，到重庆乡下定居。陈小姐1939年去西南联大外文系读书。巴金伯原有去大凉山采访苗族兄弟的计划，因苗汉关系紧张，连遗嘱都写好了，可惜后来这个计划没能实现。他在日机的轰炸下四处流浪，四海为家，与陈小姐时合时离，直到1944年才与陈小姐到贵阳花溪结婚。他写道："她同我谈了八年的恋爱，后来到贵阳旅行结婚，只印发了一个通知，没有摆过一桌酒席。从贵阳我和她先后到了重庆，住在民国路文化生活出版社门市部楼梯下七八个平方米的小屋里。她托人买了四只玻璃杯，开始组织我们的小家庭。”巴金伯非常珍爱他这谈了八年才结婚的恋爱，他也喜欢谈及我的父母的婚姻。很巧，我的父母也是谈了八年恋爱才结婚的。那时我父亲远在法国工作，追求万里之外的母亲长达八年之久，每提起婚事，妈妈总是说：“不忙，我要先完成学业再说。”直到1929年母亲高中毕业，才允许父亲到成都去接她到法国里昂完婚。巴金伯在《怀念马宗融大哥》（见随想录《真话集》）一文里讲的就是巴金伯初识我爸，我爸谈及他的恋情时的情景。在巴金伯的作品里，爱情既与金钱无涉，也没有利害关系，应当是纯洁的，恋人也是朋友，恋情，友情是密不可分的。抗战期间的许多文章，例如《旅途通讯》，其中的“朋友”往往指的就是陈蕴珍。他们一起在大轰炸的年代里逃亡，流浪，在日军进广州前十多个小时逃离广州。在苦难中铸就的爱情，历久而弥坚。所以有一次，当我问他对一对年轻人的恋情怎么看时，他回信说：“你不要管，让时间考验他们的爱情吧！”

巴金伯喜欢这种经过时间考验的婚姻。“所以你妈妈死的时候你爸爸才会那样伤心。”他对我说。

父亲去世以后，我参了军，弟弟在巴金伯家养着。父亲的藏书甚丰，其中夹杂着许多个人纪念品，如信件、日记、照片等。我一直没有机会去整理，参军后，东西只好一股脑捐给复旦。说好个人纪念品是要替我们保存，退还家属的，可是复旦没有归档，有的书在地摊上出现，不知是什么人倒卖出去的。“文革”后我趁赴上海出差之机想去找回我家有纪念价值的东西，没有。当我对伯伯说东西找不到了，其中还有我父母法国—成都两地情书呢，信封上编了号，用细线捆着。伯伯听说我丢了这么重要的东西，气得从椅子上跳起来，骂我：“混蛋！”全家都愣住了，一片沉默，我低下了头，我能说什么呢！这是伯伯唯一对我的责骂。

伯伯高兴起来很是浪漫。有一回，那是1949年我住在霞飞坊的时候。李伯母做了一件绿色织锦缎的旗袍，穿在她高高的苗条身子上，非常漂亮。伯伯望了她半天，双拳举在胸口，很激动地说：“你穿这件衣服真好看。”李伯母高兴得咯咯地笑起来，我也咯咯地笑起来。

李伯母心地单纯，率真大方。我在霞飞坊住的时候，解放军围城，伯伯的稿费来源断绝，又没有积蓄，加上我和弟弟两张能吃的嘴，伯伯真是捉襟见肘了。

幸得开明书店借支版税，才渡过了难关。实在没有办法，李伯母就把她的一条金项链剪一段拿去卖。一旦经济上有了好转，李伯母又舍得请我们去上海最著名的“红房子”吃西餐，到俄国人开的伏尔加去买点心。

咯咯咯咯，她的笑声音犹在耳，她去了，带走了巴金伯的一半。我想起巴金伯的话：“等到我永远闭上了眼睛，就让我的骨灰同她的掺和在一起。”

巴金伯说：“我常说我靠友情生活。友情是我的指路的明灯。在生与死的挣扎中，在受到绝望的打击以后，我的心常常迷失了道路，落在急流的水里，在此时将我引到彼岸的正是这友情。它救了我，犹如飞马星座救了北极探险途中的麦克米伦。”（《旅途通讯·前记》）

确然，巴金伯靠友谊生活，享受友情。同样，他也反馈友谊，让别人享受他的友情。他的友情温暖，绵长，久而弥坚。我们一家和巴金伯的友谊，就是最好的明证。巴金伯认识我父母，是1929年我爸回四川接我母亲去法国，路过上海的时候。四年后父母回上海，巴金伯就成了我们家的常客。他不习惯出头露面，不愿意参加社会活动，但是在朋友中间，却活跃非常，像兄弟姐妹般亲切。他有那样一种人格魅力，使朋友们都能团结在他的周围，毫无芥蒂地敞开心扉。我爸马宗融性烈如火，眼睛里揉不进沙子，发起脾气来九头牛也拉不转。但是见了巴金伯，却能柔顺如小儿。我几次看见他在人生的关键时刻抱住巴金伯痛哭。

我妈妈罗世弥贤淑温和，待朋友如亲爱的姐妹，大家有话都愿意对她说，她也会坦率地对朋友们坦陈自己的意见，敞开她的心扉。巴金伯和朋友们对她在文学上的成长有极大的助益。事情是这个样子的：我妈妈罗世弥在朋友们日复一日热烈探讨文学的强烈文化气氛的感染下，心中萌动了创作的欲望。于是她对黎烈文说，她幼时在四川简阳海井乡对盐工生活的所见所闻很可以写成一篇短篇小说。黎烈文鼓励了她。这样便产生了妈妈的处女作《生人妻》(1934年)。她腼腆地把这篇文章交给巴金。巴金见到这篇文章，又惊又喜，替她写上“罗淑”的笔名便推荐它在《文季月刊》上发表了，许多朋友惊讶这位新人的出现，同声赞美这篇文章。随后妈妈又写了《刘嫂》、《橘子》、《井工》三个短篇。死亡结束了一切，她没有等到结集出版就去世了。但是她未完成的工作由巴金伯替她完成了。他认真替她整理遗作，他说：“我一字一字地读着世弥的写得颇为潦草的笔迹”，“我不愿意损害她的原作，我重视她遗留给我们的一切。”他为她结集出版了一个又一个集子，几乎每一篇都细细地写了序和跋。到

1934年罗淑带着女儿小弥在上海

巴金靳以合編
文季月刊
九月號
上海良友圖書公司總經售

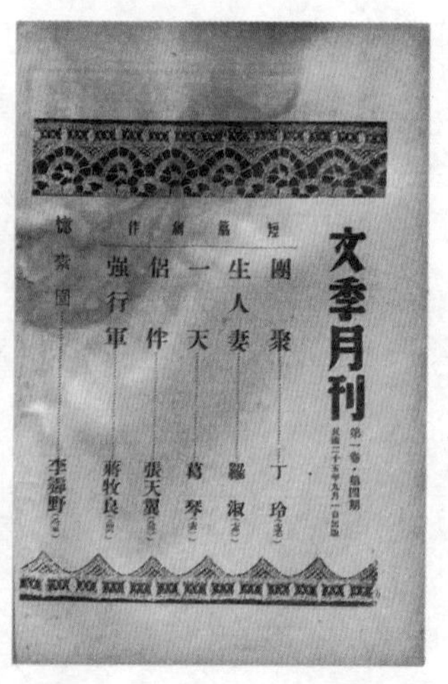
文季月刊
短篇創作
團聚 丁玲
生人妻 羅淑
一天 葛琴
侶件 張天翼
強行軍 蔣牧良
李霽野

1980年又总起来由四川人民出版社出版了那本十万字的《罗淑选集》。这本选集的底本也是巴金伯提供的。

《罗淑选集》出版后，出版社没有及时把三个底本（生人妻、地上的一角和鱼儿坳）还给巴金伯。巴金伯连忙去要，结果只从印刷厂追回两本，《鱼儿坳》则永远地失落了。巴金伯很痛心，1984年11月，他把那本残缺的《生人妻》捐赠给中国现代文学馆，并郑重地在上面写道："四川人民出版社编印《罗淑选集》时曾将《生人妻》、《地上的一角》和《鱼儿坳》三书借去，过了两年我要回《地上的一角》和此书。《鱼儿坳》已不知去向，这本书的附录也给撕毁了。惜哉！"

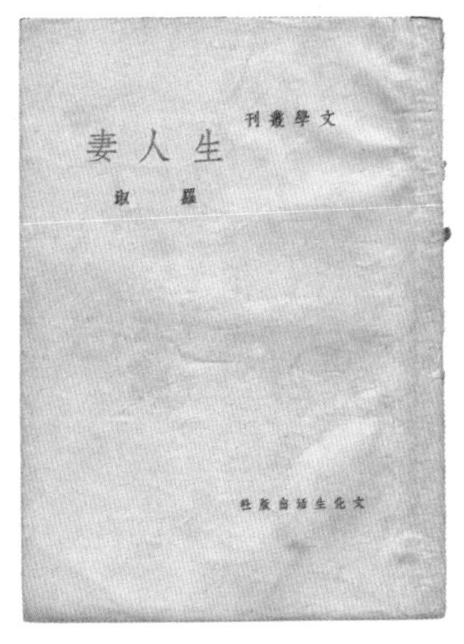

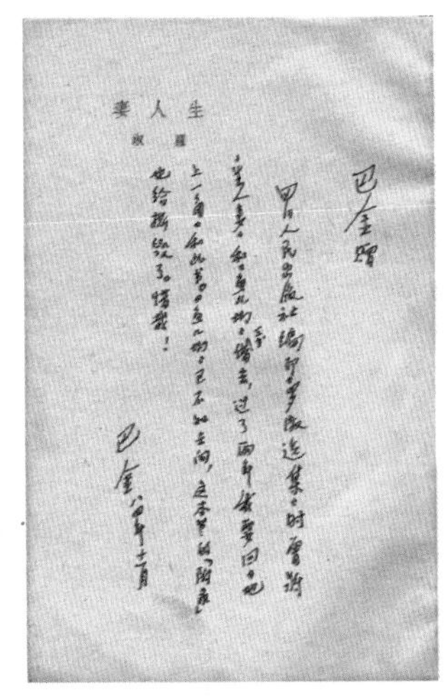

这就是巴金伯从印刷厂追回的《生人妻》

我永远忘不了巴金伯在关键时候对我们一家的支持和帮助。

抗战胜利，回到上海，我爸参加了反饥饿、反内战、反迫害的斗争，和学生们一起上街游行示威。有一回反动军警的马队包围了复旦大学,戒严搜捕。我家地板上睡满了学生，形势很严峻。我那时在城区住校，爸爸不让我回位于郊区的复旦大学宿舍，而把我放在巴金伯家里，直到军警退去才来接我。

1947年夏，我爸被复旦解聘，听从大学教授联谊会的安排到台湾大学去任教。又是巴金伯给了我爸许多安慰。到送我们上中兴轮船的那一天，我爸很欣慰地说：“今天老巴给我扛了箱子！”

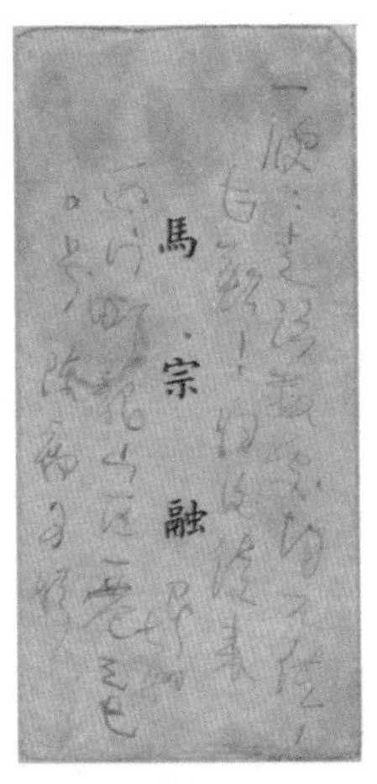

这张名片是爸爸给毛一波的，也是我存有的爸爸唯一的亲笔

1949年春，我爸带病从台北返沪，不久就去世了。巴金、靳以、余继清、贾开基等好友，都很伤心，帮忙把遗体送到殡仪馆入殓如仪。上海文艺界许多朋友都来参加了公葬仪式。

礼成。忽然马松亭阿訇领着一群回族朋友赶来了。松亭阿訇也是我多年相熟的亲爱长辈。抗战期间回族朋友和抗敌文协的文化人有过很好的合作关系。巴金伯也认识他。松亭阿訇说，老爸是回族的头面人物，影响很大，他的遗体必须按照回族的礼节安葬，他保证用最高的规格来安葬。松亭阿訇说，小弥啊，让他从土里来，回到土里去吧。我会用我从麦加带回来的圣水洒在他的遗体上。当时我和我弟都不肯，不愿再折腾已经入殓的老爸，但回族朋友坚持，我也坚持己见。双方僵持了一会儿，于是巴金伯说话了，他说，小弥，你应该听松亭阿訇的话，我们在重庆都认识的，多次在张家花园清真寺开过会。你爸是回族有影响的人物，松亭阿訇说得对，你爸用回族的礼仪接生到人世，就让他用回族的礼仪回到土里去吧。我一向最崇敬巴金伯，视他如父亲，听他这样一说，我觉得有理，很快就同意了。于是问题很快就得到解决。回族人是不用棺材的，遗体直接安放在铺有香料的泥土地上，松亭阿訇拿出了麦加带回的圣水，诵了经，巴金伯拿出一个完整的香囊包着的麝香。于是老爸就在浓浓的友情包围下瞑目了。

葬礼过后，巴金伯说："上我那里去休息休息吧！"我和弟弟一去就住下了，直到我参加工作，直到我兄弟1958年到北京上大学。

一闪，我这当年的小笨虫就长大，长老了。我依然非常敬爱、依恋巴金伯伯。

抗战改变了我们一家的生活。母亲死后，父亲娶了继母，一家人住在距重庆百余里的乡下。然而距离算什么呢？巴金伯和伯母（就是从前的陈小姐）会来看我们，在黄桷树下乘凉，他俩居然记得我这无母孩子的生日，给我带来了抗战期间海风的花蛋糕。

我给他写信他一定回，1942年他在沙坪坝互生书店住的时候，还到南开来看过我，在我们班上引起轰动，都跑去围观他。所以到20世纪七八十年代，不论国内国外的同学，凡想起来要和我联系的，都会想到"找巴金，他目标大。"而巴金伯，绝不会因为小孩子、小人物的信而不转，所以我很快就和同学们取得了联系。

"文革"中，我被逼得走投无路，伤了心，决心离开机关，大改行。我需要加强英语，顺带把法文拾起。于是，我开始向伯伯要书。我还提出了苛刻的要求：一本书，要同时有英、法文各一本，那样我可以用英文作拐杖学法语。伯伯果然从我在干校劳动的时候起就给我寄书，同一本书，英法文各一本（多么不容易！），这对我的顺利改行起了莫大的作用。1981年我去上海，他又送我《莫泊桑全集》英、法文各一套。我去邮局寄书，伯伯对我说："好，你去体会一下我给你寄书要走多少路，书又有多重！"给我寄书的封皮都是他亲手写的。记得有一次我还向他要过赖皮：伯伯好久没寄书来，我知道他心软，经不住磨，又最同情弱者，就讹他道："我得了乳腺增生，这病是会转化为癌的，心疼我，给我寄几本书来吧！"不料这次我的诡计没有得逞。伯伯回信道："你的病不要紧，以前小林也得过的！"写到这里，我心痛了，多么不懂事！我不知道伯伯会"老"，当然也想不到我自己会"老"。伯伯凡事都要亲躬。有一次四川人民出版社来人，我托他回川后代我看看，他们的藏书室是否有我爸爸的散文集《拾荒》。事后伯伯责备我："你有什么权利要人家给你做事？你知不知道这本书是很难找的？"说毕上楼去了。半晌，又走下楼来，递一本《拾荒》给我，说："这是海内孤本，你好好保存吧！"我几乎落下泪来。

最难忘怀的是有一次我问伯伯："你最喜欢哪个作家的作品？这次我要译一本你最喜欢的小说。"

他回答："我最喜欢狄更斯的作品。"

我说："他的小说总是善有善报，恶有恶报，可是现实社会哪有这么好的事呢！"

他说："正因为如此，读起来才能安慰人呢！"

我问："你最喜欢狄更斯的哪一本呢？"

他说："我喜欢他的《双城记》，不过这本书很难译，而且已经有人译过了……当然你还可以再译。"

难译？那我更要译了。于是我向伯伯讨要那套《狄更斯全集》。

伯伯说："不行。他的全集我有两套，一套已经送人了；另外一套，我还想留着翻翻。但是我还有单本《双城记》，可以送你。"

果然，到这年（1981）年底，我收到伯伯寄来的插图本《双城记》。我花了差不多两年工夫译完了它，由四川文艺出版社出版。不过我和我的责任编辑合作得不很理想。我的责编是搞政治文论的，他把他认为啰嗦的地方，重叠的句式都简化了，使我非常伤心，但也无可奈何。

插图本《双城记》

译这本书使我经历了前所未有的心灵的痛苦。“那是好得不能再好的时代，那是坏得不能再坏的时代；那是闪耀着智慧的岁月，那是充满着愚蠢的岁月；那是富于信仰的时期，那是怀疑一切的时期……”总之，那是疯狂的时代，太多的血和泪，仇和恨。

一个医生，只因说了真话，在巴士底监狱的黑牢里，整整被活埋了十八个春秋。他终于得救，复活了。然而他失去爱妻，白了头，神志不清了。只有女儿的爱能使他恢复生的意趣。

我终于明白伯伯为什么特别喜欢这本书了。

那套《狄更斯全集》，我后来还是得到了。事情是这个样子的：

1988年，在汹涌澎湃的商潮中，我想起伯伯捐给文学馆的十几万块钱天天在贬值，心中很难过。他是个没有铁饭碗的人，一辈子靠爬格子为生。许多人以为他是富翁，其实他从来没有工资，大部分稿费也都捐掉了。1988年，不少做生意的朋友和故旧从海外来找我，我想，拜托他们用这笔钱做生意生息，不是比坐看伯伯这笔血汗钱贬值好吗？于是我写信谈了我的想法。

这下可糟了。

接到我的信，巴金伯一夜没睡好，第二天立马叫人告诉我，千万不能用那笔钱做生意。贬值就贬值，放着好了。他说，四川有句顺口溜：“全家做生意，赛过总书记”。但最好还是不要“全民皆商”吧。随后他又写信给我说：“我希望你还是坐下来，翻译几本书，然后写一点东西。我羡慕你，你还可以工作二三十年，爱惜这宝贵的时光吧。”我明白他是在批评我，但接下去又有安慰的话:“我只告诉你一件事：我决定把《狄更斯全集》送给你。你向我讨过几次，我喜欢狄更斯，还想翻翻它，以前没有答应。现在我没有时间了，留给你吧。”

最后那句话使我心痛多日，但也使我振作。我现在年过七十，每想到伯伯在我这个年龄将要面对的一切，我就激起了战胜衰老、病痛和个人不幸的勇气。我也常常到狄更斯的作品中去寻求安慰，寻求善与爱。每到这种时候，我的耳边就会响起巴金伯的声音:“我现在的信条是：忠实地生活，正当地奋斗，爱那需要爱的，恨那摧残爱的。我的上帝只有一个，就是人类。”

衷心祝福亲爱的巴金伯!

附录三

巴金伯·妈妈·《何为》

1928年，巴金伯在巴黎塞纳河畔的书摊上发现了一本俄国车尔尼雪夫斯基写的《何为》法文节译本，立刻买下，准备和另外两篇文章一起编成一本描写旧俄新女性的书；却因为忙于小说《灭亡》的创作，停止了这本书的翻译。直到1936年他在上海整理旧书时发现了这本《何为》，大喜，拿给我的妈妈罗世弥看，妈妈表示愿意译，一个多月就完成了。巴金伯非常高兴，细细地替她校对、修改。现在展现在我们面前的就是当年的原稿：用的是开明书店绿格竖行稿纸，因年代久远，稿纸已经泛黄，妈妈的钢笔字迹变成暗褐，而巴金伯用钢笔修改的字迹蓝色尚清晰可辨，似乎在表述巴金伯倾注的心血。妈妈去世后，巴金伯将原稿装订成册，加以蓝色硬壳封面，并用钢笔写上"何为，巧尔勒雪夫斯基著，罗淑译，巴金藏（盖巴金藏书章）"的字样。

这本书被列为《文化生活丛刊》第十一种，1936年4月由文化生活出版社初版发行，5月再版。解放后，在妈妈逝世十二周年之际，巴金伯又于1950年把译稿交给平明出版社重排再版，还加上了原著中的八幅插图。

日后，巴金伯将平明版的《何为》郑重地签名赠我，我非常高兴地珍藏起来。后来宁夏出版社的李采臣叔来京，要借这本书，我想他或许会再版这本书（公私合营前他原是平明出版社的老板），便将这本书借给了他，说明挂号寄回。殊不知这本书一去无音信，我写信去问，采臣叔说早已挂号寄回，并将挂号条复印给我。这一来我们双方都大惊，忙到邮局查问，说明书的重要。辗转多次，邮局承认错误，表示愿登门道歉并赔偿（最高三十元）我表示不要登门道歉和赔偿，请他们再清查。可是这本书还是在来来去去的扯皮中丢失了！惜哉！

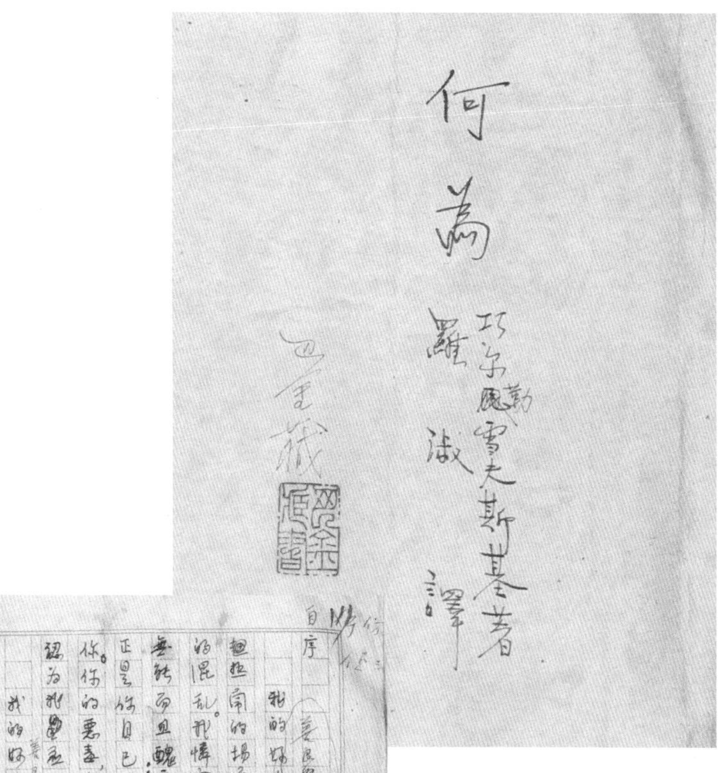

《何为》手稿扉页上有巴金伯的题字盖章。

每一页手稿上都有巴金伯的修改笔迹。

附录四

一路走来

收信人三岁时在法国里昂中法大学宿舍院内。照片由孟稜崖（从法共转入中共的老党员，20世纪50年代归国）拍摄。

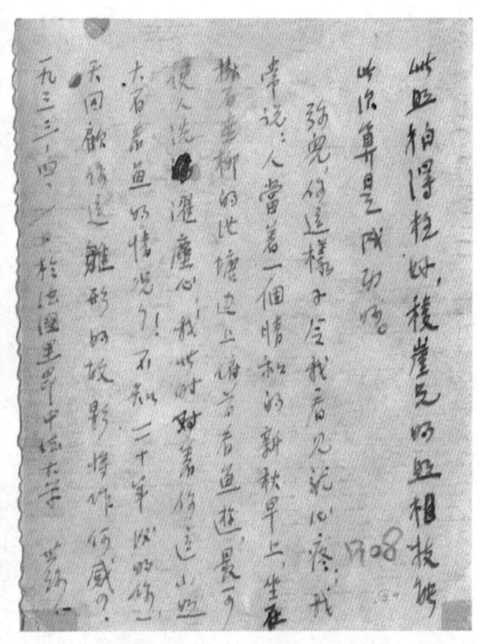

此照拍得極好，稜崖兄的照相技能此次算是成功的。
弥兒，你這樣子令我看見就心疼，我常說：人當着一個晴和的新秋早上，坐在樹石垂柳的池塘边上俯首看魚游，最可使人洗濯塵心，我此时对着你這小照大有看魚的情况了！不知二十年后的你，一天回顧你這雛形的故影將作何感？
一九三三，四，一日于法國里昂中法大學　世弥

前图（收信人三岁时照片）背后的文字。

这是妈妈罗淑留给我的唯一手迹：“此照拍得极好，稜崖兄的照相技能此次算是成功的。弥儿，你这样子令我看见就心疼：我常说：人当着一个晴和的新秋早上，坐在树石垂柳的池塘边上俯首看鱼游，最可使人洗濯尘心，我此时对着你这小照大有看鱼的情况了！不知二十年后的你，一天回顾你这雏形的故影将作何感？一九三三，四，一日于法国里昂中法大学　世弥。”

我小的时候很惹人注目：黑而胖，多嘴多舌，一口法国话。爸爸马宗融的留法归国朋友都爱逗我，李健吾伯伯在文章中称我为“天使”。不过知女莫若母，妈妈总是说：“小时了了，大未必佳。”这句话太对了。

七岁，母亲去世，我日趋顽劣，老是和继母作对，爸常打我。抗战，全家从上海逃难到重庆，战后复员回上海，又去台北。

过了十七岁，突然出现奇迹：我不再是蓬头垢面的顽童，功课变好了，男孩子开始用温柔的眼光看我。多年不见的级友郑华初到台北时定要见我，她以为我一定是个邋遢顽童，殊不知她见到了一个模样出众的姑娘，大吃一惊，连呼：“原来女大真的会十八变呢！”

作者在张家口军委工校时的照片。

1949年初，我跟爸爸弟弟坐民生公司最后一班货船回到上海，继母留台北。不久爸爸去世，我和弟弟被巴金伯收留。又不久，我就到张家口军委工校参军去了。

不到二十岁的我很喜欢塞外生活，什么都新奇：连草都不长的大山、反穿羊皮袄的农民、大车店、不断倒嚼的骆驼、烤牛肉、涮羊肉。上军操，清晨有节奏地走步，跟着连长大喊一、二、三、四，带劲极了。集会前学歌子，队与队互相啦啦：“某某队，来一个！”呱唧呱唧，掌声震天。

冬天零下20℃，拿起大镐刨冻成坨的屎尿，湿手摸一下铁门把手就被粘住。指导员问我们苦不苦，小米饭，土豆炖萝卜，吃得下不？我觉得蛮好，一辈子没吃过这样的东西，很香，不苦。尤其是牛肉汤浇莜面，很筋道。有人说只能吃半饱，多了一喝水就要撑死，我不管，照吃三大碗不误。有时候馋了，还溜出校门去买黄黏米切糕、通化葡萄，闲看大车店里的骆驼。我没有被塞外的粮食撑坏肚子，却被塞外的风把两腮吹得红扑扑的。我只烦从早到晚拿个小板凳坐在操场上听大课，实在受不了时就偷看小说。指导员很生气，批评我："白吃人民的小米，不好好干革命，"我大怒，说："谁白吃你的小米啦？要我交学费，交就是！"气得这位农民出身的指导员直掉泪，说："这帮知识分子，我管不了，不干了。"

于是来了一位姓徐的指导员，是个白面书生，开口鲁迅，闭口毛泽东、艾思奇，大家佩服得五体投地，学习任务顺利完成。新中国成立，全队跑到张家口大街上演活报剧，打腰鼓。腰鼓不够分配，我就绑了一条小板凳在腰上，一样打。我不会干力气活，只好在肩上垫个枕头，和别人一试高低。

1950年肩上垫着枕头在张家口军委工校参加劳动（后面的是收信人）

第二年春天我调到北京。北京机关里很闲散，工作不多，领导老说我们是储备干部，叫我们多学习，准备日后受重用。于是我学打字，学英语，乱看书。周日骑了自行车去看宫殿庙宇，爬公主坟，看段祺瑞、川岛芳子住过的地方，夏到颐和园学游泳，冬到什刹海学滑冰，也不费什么钱。

1952年世界和平大会在北京召开，一位领导要我去学当翻译，另一位领导要我给一位首长当政治秘书，我毫不犹豫就选择了当翻译，陪着新西兰人路易·艾黎和英国议员代表团等周游全国。机关里的人，喜欢我的说我聪明能干，外语学得真快；不喜欢我的人说我是资产阶级臭小姐、巴黎女郎。

1954年在杭州北高峰

这样，我在有爱有憎的环境中兴兴头头一直干到1957年。开展反右运动时，我所在的单位没有大鸣大放，当然也没有右派。于是康生那个老混蛋来了，大发雷霆，说："我不相信你们这里没有右派，难道这里不是共产党的天下？给我重来！"恰巧前一年这里开过一个党代会，发动大家提了许多意见，于是倒算，把头一年提过意见的人大都算成右派。我虽不是党员，却也提过一些意见，比如："党委书记说话太啰嗦，长且不得要领，"之类。于是我被划为中右，打入另册。不喜欢我的人很高兴了一阵。

我吓坏了。看来"知无不言，言无不尽"只是书本上的话，行不得的。还是"夹着尾巴做人"的是。于是我埋头工作，学习，不问天下事。那时的分内之事我不消半天就做完了，看见别人在加班加点我又不能闲着，就到图书馆借来英文的闲书乱看。我不打麻将不打扑克，不扎堆聊天，成天浸沉在作家们给我构筑的天地中，很知足。我又借来用英文写的法语读本，自学法文。机关里认识蟹形文字的人很少，不知道我读的是什么，因而不来管。终于有一天，我带了一本英文版的《悲惨世界》去打饭，被一位来自香港的老兄看见，他冲我大喝一声："同志，你的思想那么差，不好好改造，还看这种书，你自己也快要悲惨了！"他吓了我一大跳，而他自己，不久就被打发到大西北去了。

到了1966年8月5日，毛主席发表了《炮打司令部》的大字报，我不明白那是什么意思，但因为有1957年的教训，我决心这次一定要紧跟毛主席。我说了一些不该说的话，做了一些不该做的事。我被动员到北大，到兄弟单位去看大字报。我逐渐被大字报中反映出来的问题煽动得血液沸腾。忽然隔壁单位走廊上沸沸扬扬，热闹起来，人们交头接耳，原来一位叫老何的处级干部，就工作中的问题系统地揭露了领导，说得头头是道。我暗暗佩服，赞叹。过了几天，又动员我再去"关心国家大事"，不料这次风云突变，铺天盖地全是针对老何的大字报。说他反党反领导，别有用心！他是中俄混血儿，除无限上纲外，还添了些不明不白的问题。我认真看来看去，又征求了一些朋友的意见，认定这是一桩冤案，呀，一定是某个反对毛主席的权势人物在阴谋捂盖子！福尔摩斯情结在我的血液里作怪，我按捺不住，以为自己有了伟大发现，连夜给上面打报告：出了冤案啦，有人挑动群众斗群众啦，有人阴谋捂盖子反咬一口啦等等，请领导下来了解情况。报告上去，没有回音；再报告，还是没有回音。一共写了四个报告，哈，回音终于来了：请君入瓮，我也被贴了一身大字报：罪名是反党反人民，四个报告就是铁证。我不服，成立了个人的"岿然不动战斗队"，写大字报为自己辩护。但是，有口难辩，越抹越黑，我的罪名升级为"国际特务篡党复辟集团的联络员"。为了和中俄混血的老何相对应，我的妈妈成了法国人，祖母成了西班牙人。

"我妈妈罗淑是30年代的知名作家呀！"

那又怎么样?

"我祖母是四川的小脚老太太呢！"

你的祖父是驻外公使，西班牙女子是他在国外娶的小老婆！

"小老婆总该由我祖父来娶，而不该由你们娶吧！"

"你懂个什么！"话越说越莫明其妙了。

我不服，我写了许多"状子"，到中南海的各个投诉点去递，我甚至见到了某首长的秘书。只是那位首长似乎也是自身难保。不过整我的人知道我常常告状，对我有了一些顾忌。

我从不在公众场合讲话。可是有一次开批斗大会，把一位老同志按在台上跪着，双手举一块写着"我是反革命"的大牌子。这位同志几次要站起来申辩，都被按倒在地。我怒不可遏，鬼差神使冲上台去大叫："毛主席说要文斗不要武斗，你们为什么按他跪下？为什么不允许他讲话？"台下有几个人大喊："报成分。”本来我的父亲是教书的，我可以报自由职业者，可是不知道为什么，一股气上来，我把胸一挺，大声说：“资产阶级知识分子”，楼上有一个疯疯癫癫的人大喊：“资产阶级，我打断你的狗腿，”一边就要往下跳，于是全场大乱。

第二天我就进了牛棚，早请罪，晚请罪。命我念“坦白从宽，抗拒从严”的语录。我说我不是敌我矛盾，这条语录不适用于我，不念。因此，我一再挨批斗挨踢。为了表示我是热爱毛主席的，我和爱人魏威争着在学习班大院的毛主席像旁照了相。

在“毛泽东思想学习班”“学习”期间与爱人魏威的合影

对政界的事，我糊里糊涂，只知道跟着口号走。但是对文艺界，我有深厚的感情。1966年巴金伯出席亚非作家会议之后，对他的批判揭露日益火烈，不久上升为“黑帮”。我在全部大会上被点名时,就多了一条“黑帮干女儿”的罪名。

每次批斗我，我的丈夫魏威都坐在头一排，众人喊打倒，他不举手。他送到牛棚的水果和巧克力都被吞没了。

1969年秋，我全家下放干校。我在专政队干活，不和“五七”战士在一起。

那时我已经三十八岁，要挑八十斤重的水和硕大的石头，插秧时天不亮下水田，天黑了才收工，超负荷劳动磨去了我的锐气，销蚀了我的气血。吃饭的时候，因为没有力气，我的丈夫替我洗去手上的泥污，盛好饭，把筷子和碗递给我，我才能勉强进食。有一次我倒在水田里爬不起来，觉得身下的烂泥软滑无比，泥腥味好闻极了，我想干脆融进稻田，不再起来……爬着爬着，一股怒气从脚心直冲头顶：难道我就这样不清不白地烂在稻田里？谁会来拉我一把？谁会来替我洗刷冤情？除了自己，能靠谁？

于是我找到军代表，对他说：“请你公开有关我的材料，让革命群众讨论，我究竟属于什么矛盾，在作出结论之前，我不再和专政队一起下田劳动。”

这位姓李的军代表答应去“查一查”。第二天他来问我：“你到底是什么问题，我没有查到你的案卷。”我听了大乐。哈，我知道了，我的案卷一定是并到老何的案卷里去了。这时老何已关进秦城，后来就死在那儿了。于是我对军代表说：“没有我的案卷，就是非法立案，我不下田了。”军代表说：“也由你……可是革命同志也不高兴和你一起学习和劳动。这样吧，你就留在宿舍里自学好了。”于是革命群众下地劳动去，我就在宿舍里看我的书。

这时的干校一天比一天疲沓，主要的军代表回军区去了，留守的军代表整天打野物，钓黄鳝。“五七”战士凡有点办法的都溜回北京找出路去了；干校一下子少了很多人。凡是夫妻都分了房，我欢喜异常，竟在不惑之年，添了一个小乖女淘淘，给了我极大的安慰。1970年10月，干校为纪念抗美援朝胜利二十周年，上演巴金作品改编的《英雄儿女》，我想伯伯的日子该好过些了。

好消息不断，林彪摔死了，大小军代表惶惶不可终日，所有的批判会都停止了。我决心努力充实自己，但凡有机会就想办法跳出原单位，另找工作，实现我从事写作翻译的梦。我又开始努力读书，听英语广播，求爷爷告奶奶地向干校会外语的朋友借来一本又一本英文小说，然而书不久就都被我看完了，法文书更没有，法文是我的母语，早忘了，然而不捡起来又不甘心，怎么办？

1972年8月13日，巴金伯的夫人陈蕴珍受迫害不过，患癌症去世了，我心沉痛。我弟去上海奔丧，路过干校来看我们，留下了一张难得的照片。我产后乱长胖肉，变成一个胖大嫂，衣衫褴褛。我们身后是“五七”战士自己盖的房，左边第一个人是我弟马绍弥，右边那个自然是我爱人魏威，另一个是我的大女儿。小乖女穿着我手制的凉鞋和衣服，由我抱着。绍弥去上海奔丧使伯伯颇受感动，他后来在《怀念萧珊》一文写道：“值得提说的是她当作自己儿子照顾了好些年的一位亡友的男孩儿从北京赶来，只为了看她的最后一面。这个整天同钢铁打交道的技术员，他的心倒不像钢铁那样……”

1972年夏，伯母萧珊去世，弟弟绍弥去上海奔丧后到干校看望作者一家。

那时伯伯家中一片凄凉，楼上被贴上了封条，人只能住在楼下客厅里。伯母去世后，伯伯结束了两年半干校的折磨回到上海，参加学习，翻译《处女地》及百多万字的赫尔岑的《往事与随想》。伯伯受了这样大的打击，尚且没有丧失对生活的信念，这应当使我作怎样的思考？我的心渐渐活了起来，振作起来。

我少时的梦想，是和父辈们一样，从事文学的写作。及至参加革命，觉得自己是个孤儿，那就做党的孩子吧，以革命为家吧。工作上无条件服从组织分配，从事文学写作的理想暂放一边，且等退休之后，再争取为革命牺牲的烈士写传，作为对前人的纪念，对后人的教育。这本是我虔诚的心头话，却在“文革”期间受到无情的耻笑和凌辱。谁都可以随便看我的档案，引经据典地说些风凉话。几个红五类出身的人鼻孔里冒冷气：“她也配作党的儿女！那我们算什么了？”“她心心念念想的都是成名成家！洋里洋气！”几个平素我以为是代表党组织对我关心的人一下子都翻了脸，谎话连篇。

好吧，心虽碎，志犹坚。不如恢复少年时的初衷，搞文学，从头再来。

我决定向巴金伯求救。我写信给他说，我们已经端着小板凳在打麦场上看过你的《团圆》改编的“英雄儿女”了，可见你已经没有什么问题，帮帮我吧。我决心恢复英语，并用英语作拐杖，把法语也学起来，一有机会就离开原单位，另找门路。伯伯的回信很快来了，他说："你不要高兴得太早，楼上书房还贴着封条呢。"我说既然已经宣布不是敌我矛盾，为什么不揭封条？肯定是办事的人忘了。别管它，只管把封条扯下，寄几本书给我。最好是同名的小说有英法两种版本，我好用英文作拐棍学法文。伯伯又回信说，封条的事绝不可能是忘记了，还是别扯吧。不过那没有车的车库和屋子角落里，总还有漏封的书，可以寄几本书给我。书不久真的寄来了，是《胡志明传》，英法文各一本，以后又有阮文追传。我一见大失所望。倒不是我不敬重胡老先生，听说他是个很谦和的人，当年在桂林八路军办事处还管早上吹起床哨呢。只是我已经对政治人物的行为史没有了兴趣。我干脆对伯伯直说，我还是喜欢少年时代的旧爱，请给我寄《基度山伯爵》、《卡拉马佐夫兄弟》之类有趣的书吧。

这之后事情就变得顺利了，伯伯被我纠缠不过，陆续寄来了"波娃利夫人"，"小酒店"，"笑面人"，"海上劳工"等书。都是英法文各一本。每天中午等小乖女睡午觉了，我就在床上铺开字典，用英文当拐棍学习法文。

1973年8月，干校终于莫名其妙地结束了，我和丈夫要求留在当地，未获准。只得全家回到北京，带着自己做的木工活、编筐，婆婆妈妈啰啰嗦嗦地回京了。到了北京，原单位居然要留我，四位副部长出马找了十个有"问题"的人谈话，表示挽留。其中就有我。可惜我不识抬举，只说："请高抬贵手放我走吧！我有把握自谋生路。"其实，吃了近三十年的大锅饭，年过四十五，又没有一张像样的文凭，上哪儿去找工作？内心其实一点底也没有。我和丈夫魏威骑着自行车悠悠地在北京城里转，开始了我们艰苦的求职之路。那时文艺界的"黑帮"们陆续落实了政策，却又晃晃悠悠还没有站稳。传说上面对巴金，"不枪毙就是落实政策，"我忙写信去问，并告诉他我不承认给我作的结论，拒不签字。问他的情况，他回信说："我根本未签过字，也未看过我的结论。1973年中我们单位支书（工宣队）找我谈话时只根据他笔记本上的记录念给我听：'市委书记王洪文、马天水、徐景贤、王秀珍、金祖敏、冯国柱六人讨论决定作人民内部矛盾处理，不戴帽子，发生活费。这是根据张春桥姚文元指示的精神决定的……'就只有这么几句话，并没有审查什么问题，得出什么结论。"说起"发生活费"一语，那是很滑稽的，因为伯伯靠自己的稿费生活，从来没有工资，所谓"发生活费"只不过是把他存在银行里的稿费解冻一点儿罢了，羊毛出在羊身上。

伯伯还没有站稳脚跟，我找工作的事他无从帮忙，也不能推荐我的翻译。他只能建议我去找他极熟的朋友汝龙、李健吾、萧乾……我曾遇见李健吾与张骏祥在打倒“四人帮”之后第一次见面的情况：不见了当年飞扬的神采和勃勃的雄心，相拥无言，黯然神伤。健吾伯为我奔走，到处给我找“门路”，但是无济于事，他没有实权，我没有实力。我苦笑着对他说：“你可爱的天使已经成了面目可憎的老太婆啦！”伯伯却热情地回答：“不，你永远是我的天使！”他对我说：“外文所英文干部已经饱和，你的法文能不能用？如能，去考！”我傻乎乎地一口应下：“能！”为了考外文所，从1978年3月到8月，我一共背熟了八千多法文单词，读了好几本法文小说。后来竟译了一个中篇：《公证师的鼻子》，刊在《外国文学》杂志上，得到汝龙叔的称赞。但是工作问题，还是没有解决。后来我想：既然现在可以考，我不靠人情，凭本事去考如何？于是我骑着自行车，先去到北师大。这些年我为了不忘口语，读了许多英语剧本，又听了几年外电广播。我绕过人事处，直奔英文系办公室，找到系主任潘老太太，用英语毛遂自荐。当时正是英语教师青黄不接之际，可敬的潘老太大喜，说我人才难得，还奇怪我多年没有机会用英语，居然说得那么流利，立刻拍板用我，并给我安排了最高班的课程。我的心这才一块石头落了地。然而不幸的是，他们不要我的北大德语专业毕业的丈夫，说是德文用不上。那不行！魏威和我风风雨雨共患难二十年，“文革”中受我牵连多多，为了让我读书，主动承担起大部分家务，我在干校长期泡在水田里，得了椎间盘突出症，数月卧床不起，又是威为我倒屎倒尿，看着书学针灸和按摩，硬是治好了我的病。我不能丢下他。那样原单位一定会把对我的所有气恼，都发泄在他身上。我谢过潘老太太的多情好意，再去另谋出路。终于到人民大学谋得一份研究工作。

这其间，我恢复了与老舍家的来往。老舍原是我爸马宗融的莫逆之交，抗战期间从事抗战文艺工作，合作甚为愉快。伯伯很喜欢儿时的我，因为我胖，开玩笑叫我“横姑娘”，拿我编故事。我直到“四人帮”垮台后才得知老舍伯惨死的消息，很难过，写了一篇题为《未完成的童话》，登在《十月》杂志上。老舍在1947~1949赴美讲学期间创作了一部长篇小说《鼓书艺人》，由旅美作家郭镜秋女士译成英文，但中文原作从未发表过，底稿也不翼而飞。1979年我在胡絜青伯母家见到这本书，伯母说找不到合适的人译它。我大喜，说我来试试如何？伯母将信将疑地说：“那就试试吧！”我先译了四章给伯母，由她交给人民文学出版社的社长韦君宜，韦大为赞赏。于是事情变得容易,《收获》杂志一气登完了它，人民文学的单行本也于1980年问世。这之后，我又发现老舍的《四世同堂》第三部《饥荒》原来是残缺不全的，少了末尾的十三段，我在英译本中找出了这失落的十三段，也译了出来，刊在《十月》杂志上。两种译本的出版得到一些好评，我很高兴。到2000年，我的翻译被收入《老舍全集》，划了一个完满的句号。巴金伯表面上一再告诫我“不要自满”,但是看得出他很高兴。他说:“我比你大二十八岁,你应该至少再好好工作二十八年。”于是我趁机对他说：“这下我要译一本你喜欢的书，你能告诉我你喜欢什么书吗？”伯伯若有所思地看看我，说:“我喜欢《双城记》……但是这本书很难译，而且已经有人译过……当然你也可以再译。”“难译”,“有人译过”勾起了我的好胜心，好，我就来译它。

1982年底，我收到伯伯寄来的插图本《双城记》。我花了差不多两年时间译完它。译这本书使我经历了前所未有的心灵的痛苦。“那是好得不能再好的时代，那是坏得不能再坏的时代；那是闪耀着智慧的岁月，那是充满着愚蠢的岁月；那是富于信仰的时期，那是怀疑一切的时期……”总之，那是疯狂的时代，太多的血和泪，仇和恨。一个医生，只因说了真话，在巴士底监狱的黑牢里，整整被活埋了十八个春秋。他终于得救，复活了。然而他失去爱妻，白了头，神志不清了。只有女儿的爱能使他恢复生的意趣。我逐渐明白巴金伯为什么喜欢这本书了。

比较亲近的长辈如汝龙、萧乾，都告诉我最好认定一位大家的作品，执著地译下去，成集成套，影响比较大。但是我喜欢翻译风格迥异的文学作品，满足我的多种爱好。所以我除了双城记外，还译戏剧，译短篇，还有名为《公证师的鼻子》的法文小说。我甚至把母亲的《生人妻》改编成了电视剧，但拍出来一看，很不成功，愧对做我的艺术顾问的阳翰笙伯。

我总算圆了一点搞文学翻译的梦。我也想学着搞搞创作。……但是不行，屡试屡败，终究，是我生活圈子太小，生活的积累不够。我最后放弃了这种尝试，只偶尔写写散文。

在2000年奇热的夏天，我的丈夫魏威去世了，猝死。他一生淡泊名利，与世无争。为了给已经长大的小乖女挣大学学费，他为台湾某杂志作了四年特约撰稿人，写的《圆明园沧桑》得到主编特别的推荐。可是小女儿一毕业，他就说，“不写了，还是集中力量帮你吧！”他帮我看稿，定稿，抄稿，改正错别字，

老伴魏威1996年在锦州

退休后也曾到处旅游过，
在海边两个人都很放松

就在这里，老伴给我
看稿，定稿，抄稿

对我很严格。他若说个“好”字，我就高兴得了不得。他去世的前一天晚上我还要求他给我看这篇谈自己的稿子，他说：“我今天要洗澡，明天再给你看吧。”明天，我们便成了阴阳隔绝的夫妻了。巴金伯送了他一个花篮，使我的心深得安慰。

今后，我还得走下去，就像门前那株老栗子树，斑斑驳驳，却还想开出几串不起眼的花，疏疏落落结几枚带刺的果。

后　记

在妈妈心目中，巴金爷爷不是名人，而是她至亲的父辈。妈妈有什么乐，有什么苦，有什么喜，有什么忧，都会写信向爷爷倾诉，爷爷也会认真地回复。爷爷关心妈妈的学习、工作，妈妈要书，只要合理，爷爷都会不辞辛劳地去找来给妈妈寄去。所以现在家中的书有很多是爷爷签了名送给妈妈的，妈妈提起这些书，如数家珍。虽然经历了"文革"的磨难，但爷爷写给妈妈的信还是有三十几封留存了下来。多年以来，妈妈心心念念想的都是把保存下来的这宝贵的几十封信整理出来，很想出一本书，再给这些信找一个好的归宿，让更多的人能够看到这些信。

妈妈真正开始动手整理这些信是在2011年春节刚过，时年妈妈已经八十一岁高龄，身体、记忆力都明显地大不如前了。为了写作，她强打精神，每天至少工作两到三个小时，整理资料、照片、埋头写作……

就这样，经过了一年左右的努力，也就是在2012年6月6日，妈妈的书终于写完并谈妥了出版事宜，书名就定为了《万金集》。书里共收录了巴金爷爷写给她的三十七封信，另有一封写给罗世安的信，也收在了附录里。妈妈在"收信人的话"中，不仅根据自已的回忆，把每封信的由来一一写明，更把她对爷爷的感情寄予其中。同时，妈妈决定，把这些信捐赠给巴金故居。

遗憾的是，就在书的出版已经落实，即将看到清样的时候，妈妈却于2012年11月14日因心源性猝死突然离世，最终未能亲眼看到本书的出版面世。

幸运的是，在巴金故居、巴金家人和复旦出版社等多方的努力下，本书终于出版。由于有些信年代久远，写这本书时妈妈的身体也已经不很好了，所以，有些回忆可能并不完整，时间也许会有出入，望读者见谅。这本书的出版，慰藉了我们姐妹俩痛失母亲的心，相信妈妈在天有灵，也会欣慰、欢喜了。

香香、淘淘

图书在版编目(CIP)数据

万金集——来自巴金的家书/马小弥述. —上海:复旦大学出版社,2013.7
(巴金研究丛书)
ISBN 978-7-309-09730-6

Ⅰ. 万… Ⅱ. 马… Ⅲ. 巴金(1904~2005)-书信集 Ⅳ. K825.6

中国版本图书馆 CIP 数据核字(2013)第 105641 号

万金集——来自巴金的家书
马小弥 述
责任编辑/孙 晶

复旦大学出版社有限公司出版发行
上海市国权路 579 号 邮编:200433
网址:fupnet@fudanpress.com http://www.fudanpress.com
门市零售:86-21-65642857 团体订购:86-21-65118853
外埠邮购:86-21-65109143
常熟市华顺印刷有限公司

开本 787×960 1/16 印张 10.25 字数 180 千
2013 年 7 月第 1 版第 1 次印刷

ISBN 978-7-309-09730-6/K·427
定价: 32.00 元